ニッポンのおみくじ

全面雲海
雲みくじ
雲みくじ
イカすおみくじ
初穂料 300円
タマ吉
円満な
運気だワン
小吉
てんじょう—天上
道徳的善行を行った人は、人間界にはない歓楽、神秩的
精神の平安、長い寿命を受けることが出来ます。
定義玉手箱
ぢごく—地獄
この世界は、悪因のうちでも殺生など、とくに罪の重い者が堕ちると
言われています。しかし、栄によっては転生して天上にも上がることが
できます。
定義玉手箱
大大吉
金みくじ
第一大吉
七寶浮圖塔
高峯頂上安
衆人皆仰望
莫作等閑看

全232種類を紹介！

日本各地には、その場所ならではのおみくじがいっぱい

おみくじに親しむ

おみくじと聞いて、どんなことを思い浮かべるだろうか。初詣という人もいれば、とりあえず目に付いたら運試しするものという人もいるかもしれない。どれもそれなりに正解なのだが、それだけではもったいないのもまた事実だ。初詣で一年の運勢を占うのもいいけれど、実はいつでもどんなことでも占える。軽く運試しするのは楽しいけれど、ただ吉凶を見て一喜一憂したら結んで終わりにするだけよりも、もっと楽しくなる見方がたくさんある。そんな活用方法を本書では詳しく紹介していく。

おみくじは意外なほど奥が深く、そして可能性が広い。占いとして深く読み込むほど自分自身と向き合ったり気持ちを前に向けたりするのに役立ち、日ごろ忘れがちな自然や生命への感覚を養うことさえできる。それでいて遊びの要素も盛りだくさんで、楽しい内容のものや趣向をこらした願掛けができるもの、愛らしい人形に入っているもの、御守りが付いているものなどは、小さな幸せをもたらしてくれる。一人でならじっくり占うもよし集めて喜ぶもよし、誰かとなら一緒に開いて会話を弾ませても贈って喜ばせても粋だ。全国各地いたるところに多種多様なおみくじがあり、個々のおみくじの特性によって実に多彩な使い方がある。

　おみくじをもっと知れば、身近なところに楽しみが増える。これまで見過ごしてきたものを深く味わうということ自体も、日々にささやかな幸せを見出していくきっかけになるのではないだろうか。本書を手に取ってくれたあなたの日常に、何かしらの彩りを添えることができればと思う。

鏑木　麻矢

もくじ

1章 「おみくじ」とは何か？

2章 ベーシックおみくじ

集めました！ 辻占菓子

Column おみくじの豆知識 ❷

3章 マスコットおみくじ

4章 ニューウェーブおみくじ

集めました！キャラみくじ

Column おみくじの豆知識 4

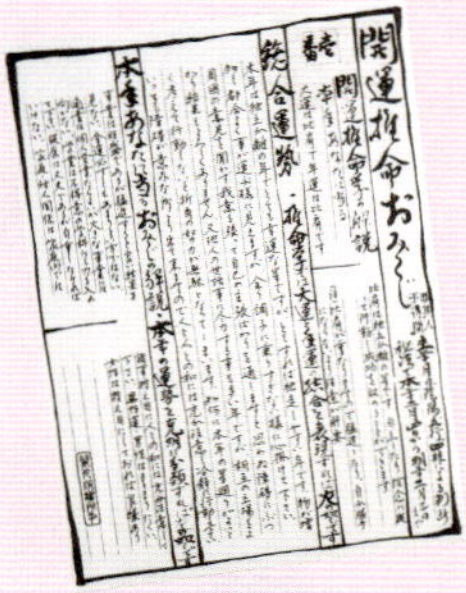

本書でいう『おみくじ』

古来より始まったおみくじは、時代とともに多様化し、種類やとらえ方、扱い方などひとつの定義ではおさまらなくなっている。また、神社仏閣ではお祓いをしたおみくじを授与することがほとんどだが、最近ではおみくじを神社仏閣以外で扱っているところも増えており、その場所によっておみくじの定義は違う。

　共通するのは、おみくじを引く人が、今、またこの先を有意義なものにしようとしていること。本書では、全国津々浦々に多数存在する、こうしたおみくじの一部を紹介する。

※本書で紹介するおみくじの解説内容は、掲載されている神社仏閣をはじめ、おみくじを扱う施設やお店などの考え方と必ずしも同じではありません。

1 おみくじの名称

神社仏閣等で授与されているおみくじの名称を記載していますが、中にはおみくじ名がないものも存在します。その場合、本書では「おみくじ＊」と表記しています。また、今後、変更されたり、取り扱いが中止されたりする可能性もあります。

2 おみくじの紹介文

おみくじの内容の特徴や見た目の特徴をはじめ、神社仏閣等の紹介もしています。おみくじの魅力においては、著者の感想も含まれています。なお、神様仏様の名称の表記は本書にて統一しており、神社仏閣等の表記と異なる場合もあります。

3 おみくじの写真

実際に神社仏閣等で授与されているおみくじの写真を掲載しています。おみくじのサイズは誌面の関係上、決まった比率ではなく縮尺しています。内容やデザインは今後変更される可能性もあり、また、期間限定で授与されるものも含まれています。

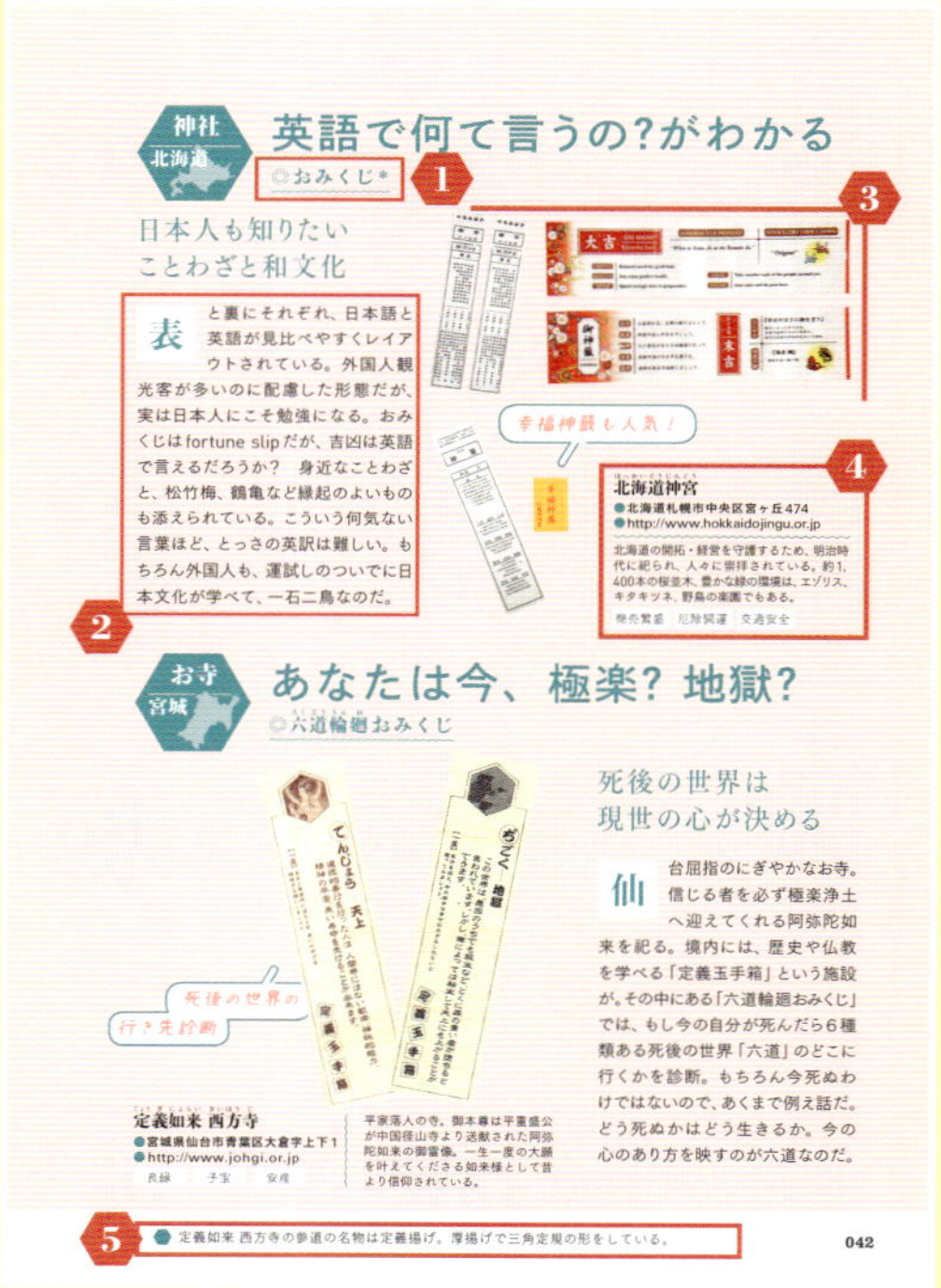
神社 北海道

英語で何て言うの?がわかる

◎おみくじ＊

1

3

日本人も知りたい
ことわざと和文化

表と裏にそれぞれ、日本語と英語が見比べやすくレイアウトされている。外国人観光客が多いのに配慮した形態だが、実は日本人にこそ勉強になる。おみくじはfortune slipだが、吉凶は英語で言えるだろうか？　身近なことわざと、松竹梅、鶴亀など縁起のよいものも添えられている。こういう何気ない言葉ほど、とっさの英訳は難しい。もちろん外国人も、運試しのついでに日本文化が学べて、一石二鳥なのだ。

2

幸福神籤も人気！

4

北海道神宮
●北海道札幌市中央区宮ヶ丘474
●http://www.hokkaidojingu.or.jp

北海道の開拓・経営を守護するため、明治時代に祀られ、人々に崇拝されている。約1,400本の桜並木、豊かな緑の環境は、エゾリス、キタキツネ、野鳥の楽園でもある。

商売繁盛　厄除開運　交通安全

お寺 宮城

あなたは今、極楽? 地獄?

◎六道輪廻おみくじ

死後の世界は
現世の心が決める

仙台屈指のにぎやかなお寺。信じる者を必ず極楽浄土へ迎えてくれる阿弥陀如来を祀る。境内には、歴史や仏教を学べる「定義玉手箱」という施設が。その中にある「六道輪廻おみくじ」では、もし今の自分が死んだら6種類ある死後の世界「六道」のどこに行くかを診断。もちろん今死ぬわけではないので、あくまで例え話だ。どう死ぬかはどう生きるか。今の心のあり方を映すのが六道なのだ。

死後の世界の
行き先診断

定義如来 西方寺
●宮城県仙台市青葉区大倉字上下1
●http://www.johgi.or.jp

良縁　子宝　安産

平家落人の寺。御本尊は平重盛公が中国径山寺より送献された阿弥陀如来の御霊像。一生一度の大願を叶えてくださる如来様として昔より信仰されている。

5　定義如来 西方寺の参道の名物は定義揚げ。厚揚げで三角定規の形をしている。

042

4 おみくじを授与している場所

神社仏閣をはじめ、おみくじを授与している場所、または販売場所／頒布元と、その場所の概要を紹介しています。情報は2017年9月現在のもので、今後変更になる場合もあります。また、ご利益は誌面の都合上、主なもののみを記載しています。

5 おまけ雑学

おみくじや神社仏閣、神道と仏教のこと、歴史や伝説、ご当地ネタなど豆知識を紹介しています。

1章「おみくじ」とは何か？

古来より伝わるおみくじは、
どのように人々の
身近な存在となったのか。
また、おみくじのルーツや種類、
神社とお寺の違い、吉凶の内容、
引き方、扱い方など、
おみくじにまつわる
疑問を解消し、
その懐の深さを見ていく。

占いの原点回帰

神々の声を「見える化」する人間の営みから占いは生まれる

おみくじは、占いの一種である。こう言うと、身も蓋もないように思う向きがあるかもしれないが、この立場で話を進めよう。

人々が天地自然の声に耳を澄ませたその昔、神々は至るところに宿っているのが当たり前だった。今だって、「虫の知らせ」のようなものは馬鹿にできないだろう。そうした神々の声を受け取るには、人によって得意不得意がある。これに長けた特別な才能のある人がシャーマン、今で言う霊能者だ。あらゆる物事の流れを感じ取って予言したり、神々と直接交流し「お告げ」を人々に届けたりする。これは原始社会の政治にも影響を及ぼしていた。

神々と人間との関係

【「お告げ」を届ける職能者】

シャーマンが神の声を受け取り、人々に伝えていた。

↓

【シャーマンは特別な人】

そんな天才は、都合よく生まれてこない。

しかし、困ったことが起きてくる。そんな「天才」は、そうそう都合よく生まれてこない。そこで人々は考えた。天地自然の現す兆しに法則性はないか、神々の声を間接的に見つける方法はないか、と。これらを整理しマニュアル化しておけば、それほど才能がなくても修練によって同じ役割が果たせる。さらには、こうした専門家が一般向けにもっとわかりやすい切り口で見せれば、努力も必要ない。巷にあふれる占いコンテンツはその一例。占いとは元来、そういう技術なのだ。

おみくじもその技術の一つ。偶然を利用するという原始的な原理で、最もシンプルな形だからこそ、これだけ身近な存在で長く親しまれている。それに、感覚を研ぎ澄ませて自分の力で自分だけのための「お告げ」を引き出すという、占いの本質にも触れられる。おみくじとは、そんな懐の深いものなのだ。

神々の声をマニュアル化する

【「おみくじ」もその一つ】 ← 【占いが生まれる】 ←

吉凶を添えて、神仏の言葉などを紙に記したもの。おみくじを引いた人は、自分で解釈し、「お告げ」を引き出す。

四柱推命

占星術

手相

易

風水

etc.

おみくじは「くじ」、そして「くじ」は天からの授かり物

占いは大きく三種類に分けられる。星占いなど暦から計算する「命《めい》」、手相などものの様子を読み解く「相《そう》」、タロットや易など偶然性を利用する「卜《ぼく》」だ。おみくじも「卜」に入る。「卜」は古代、動物の骨を焼いて偶然できるヒビの形を見て占ったのが起源と言われる。漢字「卜」もヒビの形がモデル。ほかにもいろいろな占い方が往古からある。重要な決定のときには、こうして神々の意思を伺った。

これらを最も簡単にしたのが、「くじ」だ。日本では遅くとも鎌倉時代から、選択肢を紙に書いてくじを作り、神前で引いた。

また、景品が当たるくじも、古代から余興として発展してきた。くじの偶然性とは、神々の介入。ならば、景品は天からの授かり物と言える。最近よくある、数種の小さなお守りのうちどれか一つが出てくるタイプのおみくじも、そう考えるとありがたみが増す。

占いの分類と、おみくじの語源

【占い】

命　星占いなど暦から計算したもの

相　手相などものの様子から読み解いたもの

卜　タロットや易学など偶然性を利用したもの

動物の骨を焼いて偶然にできたヒビの形を見て占ったのが起源。

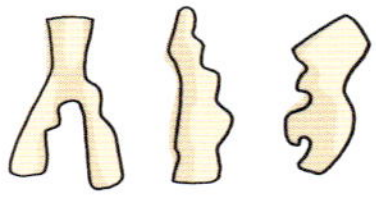

神聖な「くじ」ということで、「神」や「御」の文字が付き、さらに丁寧な表現として「御」が付き、「おみくじ」という名称になった。

くじ
↓
神《み》くじ ／ 御《み》くじ
↓
御《お》神《み》くじ ／ 御《お》御《み》くじ
↓
おみくじ

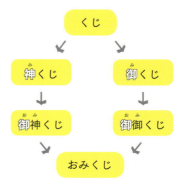

現代人にとっておみくじは誰かや何かとの対話である

神々の声を手軽に受け取れるメッセージツールであるおみくじ。今の自分だけのためにカスタマイズされたメッセージを、異界からダウンロードできる端末みたいなものだ。最近では、キャラもののおみくじも多い。架空の存在も、この世の者でないが魂を宿すという意味で、神々に近い異界の住人と言えそうだ。

異界との対話ならば、誰にも言えないことでも相談できるし、日常の裏にそっと寄り添って折々に言葉をくれる心強さがある。世間にあふれる情報と言葉の洪水に疲れても、おみくじというメディアは自分だけに向けられた言葉だ。忙しい中ふと立ち止まる機会となり、自分自身との対話や気付きをも引き出す。

誰かと一緒におみくじを開けば、会話のきっかけにもなる。現代のおみくじは、異界とであれ、目の前の仲間とであれ、偶然性を介して一期一会の対話を提供してくれる。

神々の声を受け取るツール

神々のメッセージをダウンロード！
おみくじ

時代とともにおみくじの形態や内容は変化しているが、神々からのメッセージを受け取るツールであることに変わりはない。

神社とお寺の違い

まずは見た目や名前で区別
そして、宗教と原産国で区別

何気なく神社仏閣を巡ってお詣りしていても、神社とお寺を区別できていない人が案外多いのではないだろうか。

まず、見た目や名前が違う。神社には必ず鳥居があり、名前は「○○神社」「○○社」「○○宮」などだ。建物は「社殿」で、参拝したり上がって御祈祷をしたりするための「拝殿」と、その奥に「本殿」があるのが一般的。本殿の中には、神様を宿す「ご神体」が鎮まる。山や岩などむき出しの自然物をご神体とする場合を除き、ご神体の姿が人目に触れることはない。

お寺は、名前が「○○寺」「○○院」。「○○観音」や「○○不動尊」と呼ばれるところもお寺

早わかり！ 神社とお寺の比較

神社		お寺
○○神社・○○神宮・○○大社・○○社・○○宮	名前	○○寺・○○院（正式名称）、○○不動尊・○○観音・○○薬師・○○地蔵（通称）
神道（神様を祀る）	宗教	仏教（仏様を祀る）
特にないが、神々をおそれ敬う	教義	哲学的な思想と、現世や死後の幸福追求
日本	原産国	インド産の中国経由
ご神体（人目に触れない）	拝む対象	仏像（わかりやすい姿）
鳥居、社殿（拝殿・本殿）	建物	お堂（本堂、○○堂）
神職・女子神職＝神主さん（階級は宮司・禰宜など）巫女さん	聖職者	僧侶＝お坊さん／尼僧＝尼さん（階級は僧正・僧都・律師など、役職は管長・住職・副住職・執事など）

である。建物は「お堂」で、姿の見える「仏像」を拝む。頭を剃ったお坊さんがいるのも特徴だ。

次に、宗教が違う。神社は「神道」といって、日本独自の神様を祀る宗教だ。これといった教えはないが、ただ神々を敬う。対してお寺は「仏教」。インドで生まれ、中国を通って日本に伝わった。祀るのは「仏様」で、仏教の根本にある哲学的な教えを擬人化した「本来の意味での仏様」に加え、インド中心に多国籍の神々が混ざった多種多様な仏様もいる。

こうした経緯から、おみくじにも神社では日本独自の和歌、お寺では中国風の漢詩が書かれていることが多いという違いが見られる。

なお、明治以前は神社とお寺に明確な区別がなかった。この名残で、お寺の敷地内には小さな神社がよくあり、また、大きな鳥居の目立つお寺も見られる。

神社は和歌、お寺は漢詩が主流

【和歌のおみくじ】

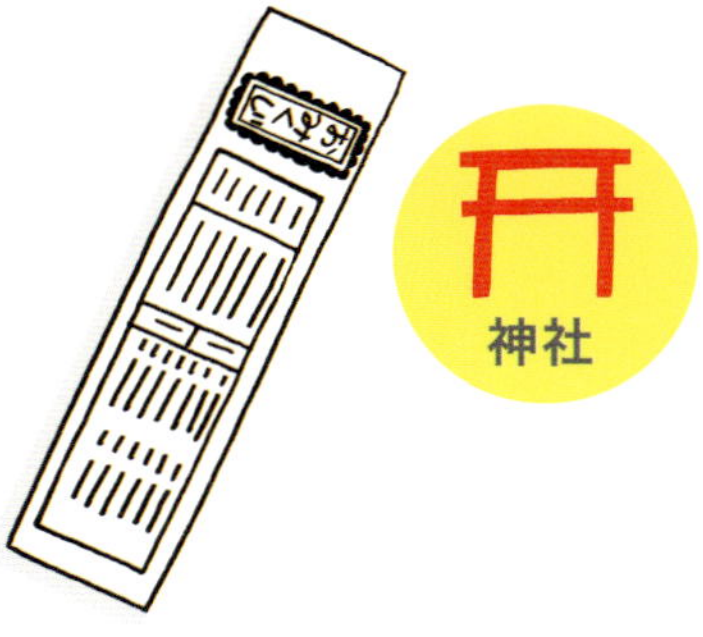

日本で生まれた神道なので、和歌を使用したおみくじが主流。

【漢詩のおみくじ】

インド産中国経由という経緯から漢詩を使ったものが多い。

三つのルーツを知る

老舗も新参も、定番も個性派も必ずつながる流れがある

現代のおみくじは、多様化に向かっている。お寺では漢詩、神社では和歌を使った「定番」とされるおみくじが圧倒的多数。残された古い形態のおみくじは貴重な存在だ。さらにこれらに加え、時代に合わせた新しい個性的なおみくじが、日々生まれ続けている。

とはいえ、根底に流れるものは変わらない。ほとんどのおみくじで、これから紹介するルーツのどれかしらに共通項を見出せるのではないだろうか。中国風の漢詩と、日本の和歌、遊び心の辻占《つじうら》。三つの要素が、ゆるやかに混ざりつつ共存する。これが日本のおみくじの特徴である。

日本のおみくじの特徴

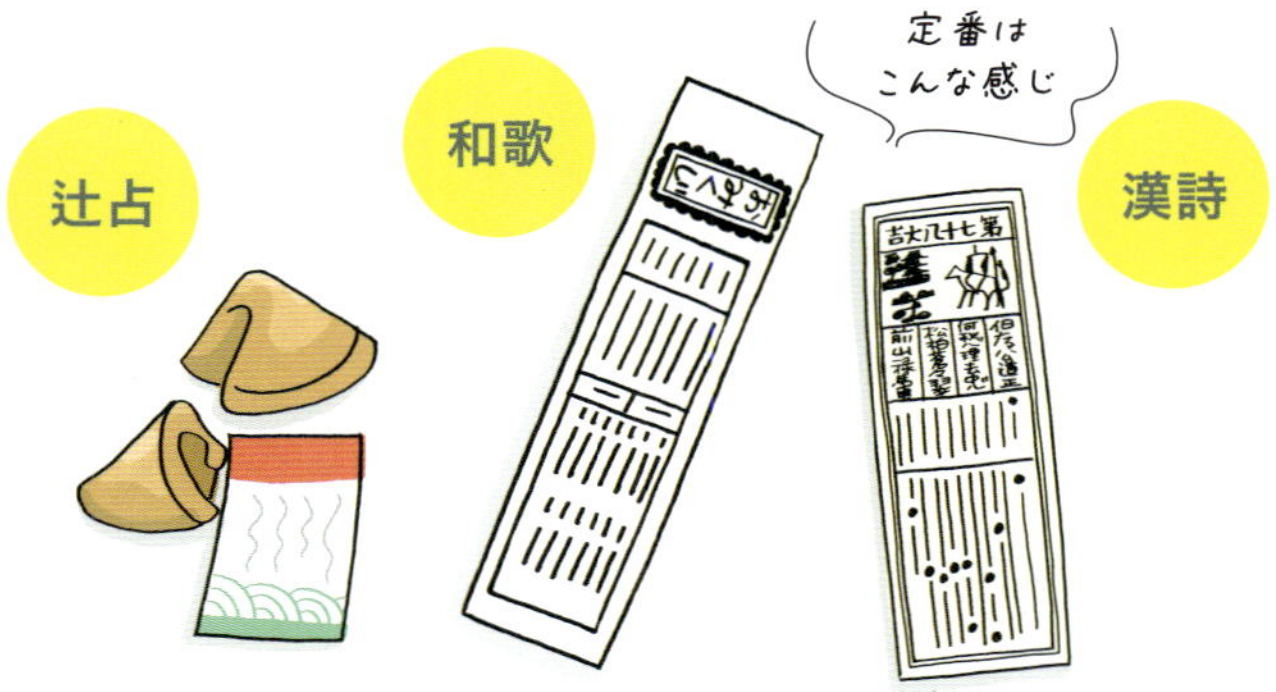

神社は和歌、お寺は漢詩が主流だが、時代の変化でさまざまな形態が生まれている。辻占も日々変化。形は変われども、神々などからのメッセージを受け取るためのものという根本的な意義は変わらない。

江戸時代から大流行 中国生まれとその仲間

お寺に多い漢詩おみくじの定番は、「元三《がんさん》大師百籤《だいしひゃくせん》」と呼ばれる。これは「天竺《てんじく》霊籤《れいせん》」という中国のおみくじが元になっていて、いつごろ日本に伝わったかは定かでない。

伝説としては、元三大師の異名をもつ平安時代の天台宗中興の祖、良源が「元三大師百籤」を発明。江戸時代初期、徳川家康に仕えたことで名高い天海が、良源から夢のお告げでこれを授かったという。このタイプのおみくじが急激に広まったのは、同じく天台宗の天海の周辺からである。

このほか、江戸時代には中国から多様なおみくじが渡来。中国は易占いを重視するので、その影響も根強い。当時、中国風はトレンド最先端。日本でも新たに漢詩おみくじが作られた。特に他宗派を嫌う日蓮宗では、独自に作った漢詩や、法華経の文言を使っており、こうした個性的なおみくじが今でも残っている。

おみくじに関係の深い僧侶・良源と天海

良源
平安時代

天海
江戸時代

天海は良源から夢のお告げを受けた。

良源にまつわる伝説から生まれた姿の「角大師」。

2つの時代の天台宗の高僧

近江国（現在の滋賀県）にある天台宗比叡山の第十八世座主であった良源が元三大師百籤を発明したと言われている。その後、天台座主の天海が良源からの夢のお告げで元三大師百籤を授かったとされる。なお、良源には「角大師」の異名もあり、その姿が刷られた札は、現在でも魔除けとして親しまれている。

古くて新しい日本の言霊《ことだま》
和歌で感じる「歌占《うたうら》」

日本古来の神々は、和歌が大好きだ。古事記のころから、神様自ら歌を詠んだという神話や伝説には事欠かない。人間も神々に対して和歌で語りかけ、神々は和歌で応えた。和歌は、神々と対話するための特別な言霊なのだ。

古代、シャーマン（巫者《ふしゃ》）に神々のお告げを和歌で語らせたのが、歌占の始まりである。これが次第に、簡略化の道を辿る。室町時代には、和歌の書かれた複数の短冊を弓に吊るし、一枚引いた。さらに「歌占本」という占いブック形式となり、江戸時代に入って流行した。

ただし当時、神社の多くはお寺と一体で、おみくじも漢詩を使っていた。ところが、幕末の尊王攘夷思想から明治の神仏分離令という時代の流れで、神社には日本独自のおみくじを、という機運が高まる。そこで採用されたのが、和歌おみくじ。このリバイバル精神が今に至っている。

神と人間が和歌で対話

シャーマンに神々のお告げを和歌で語らせたのが歌占の起源。室町時代は短冊の形態、江戸時代は本の形態で広まった。

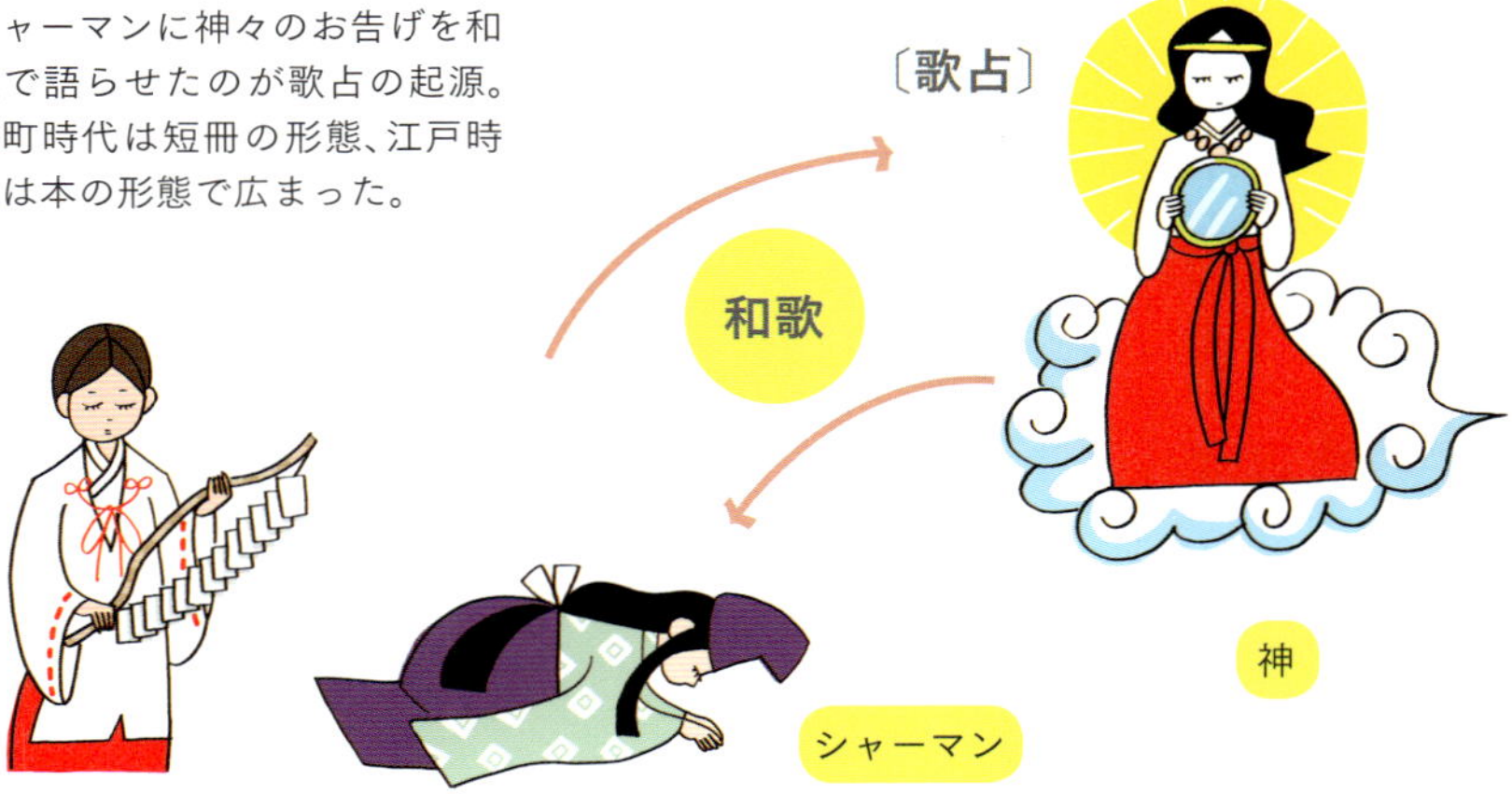

人々がシャーマンに占ってもらう。

現代に通じる遊び心の軌跡
偶然の粋を楽しむ「辻占」

おみくじが異界とつながるのは、その偶然性ゆえのこと。人々が交錯し、常に未知の世界と接している「辻」も、異界の入り口とされてきた。その辻に立ち、道行く人の様子や話し声からインスピレーションを得る占いが、古代から行われた本来の意味の「辻占」だ。

これが江戸末期ごろには紙のくじ形式に姿を変え、宴席の話の種にと、花街で売られた。中身は謎めいたひと言か、七七七五の都々逸調の詩で、艶っぽい文言も。お菓子の中に入れられたり、小さな役者絵が付いたりと、洒落た進化をとげる。元祖お菓子のオマケ。遊び心のルーツがここにあるかもしれない。

最近のおみくじには、楽しい内容のものや、何か小物が付くものも多い。「辻占」という呼称はあまり残っていないが、その精神は現代に変わらず受け継がれているようだ。

「辻占」のツボはインスピレーションとオマケ

江戸末期～昭和初期
ブロマイド的な要素も

江戸末期～現代
辻占菓子
※詳細はP.86で紹介。

【辻とは道の交差地点】

二つの道路が交差しているところを辻という。人々が行き交い、異界と接する場所とされた。その辻に立ち、人々の会話からインスピレーションを得たのが「辻占」。その後、紙に記されるようになった。お菓子の中に入れた形態が現代にも残っている。

吉凶の順番と意味

レア吉凶や、微妙な吉凶も!?
場所による違いを楽しもう

古くはおみくじに吉凶などなく、言ってみれば後付けだ。それでも、やはり最初に見てしまうのは当然。一般的な順番としては下図の二パターンが多い。また、このほかの吉凶が入ってくることはよくある。そんな変わり種を見つけるのも、いろいろな場所で引く醍醐味だ。

気になる確率はどうか。「元三大師百籤」ならば、大吉は17%、凶は30%など、多少の違いはあるものの、おおよそ決まっている。これ以外のおみくじは、種類によってまちまち。吉凶の名前も順番も割合も、場所によって違うのだ。

ユニークな吉凶には、どんなものがあるだろうか。

吉凶の順は基本的に2パターン

A パターン

大吉 ＞ 吉 ＞ 中吉 ＞ 小吉 ＞ 末吉 ＞ 凶 ＞ 大凶

B パターン

大吉 ＞ 中吉 ＞ 小吉 ＞ 吉 ＞ 末吉 ＞ 凶 ＞ 大凶

たとえ凶でも、本文を読めば希望を見出せることがある。凶が決して悪いばかりだとは限らない。

近年、「大大吉」の入ったおみくじが人気だ。

ほかにも大吉より上のレアな吉があり、出会えたら大ラッキー。また、あまり見かけない微妙すぎる吉凶というのもおもしろい。「吉凶未分」「吉凶相交」「半吉」「平」などで、それぞれ多少ニュアンスが違う。ほかに変わったものとしては、天気予報のような「凶後吉」や、これから吉に向かう「向吉」なら何だかうれしい。ちなみに、この二つとだいたい似た意味なのが「末吉」。一見微妙だが、実は希望に満ちているので、喜んでいい。

では、凶が出たらどうすればいいか。おみくじに影響を与えた易占いの考え方では、何事も極端でいくと反転するという。これ以上悪くなりようのない凶ならば、あとはもう良くなるしかない。それに、自分が明らかに不調だとわかっているとき、下手に大吉など出てこられてもイラッとしないだろうか。凶は人生のつらさに寄り添ってくれていると考えれば、不器用なやさしさに見えてくる。

吉凶の割合は神社仏閣のそれぞれで違う

吉凶それぞれがどの確率で引けるかは、神社やお寺によって違う。凶の割合が高いと有名な寺社もある。

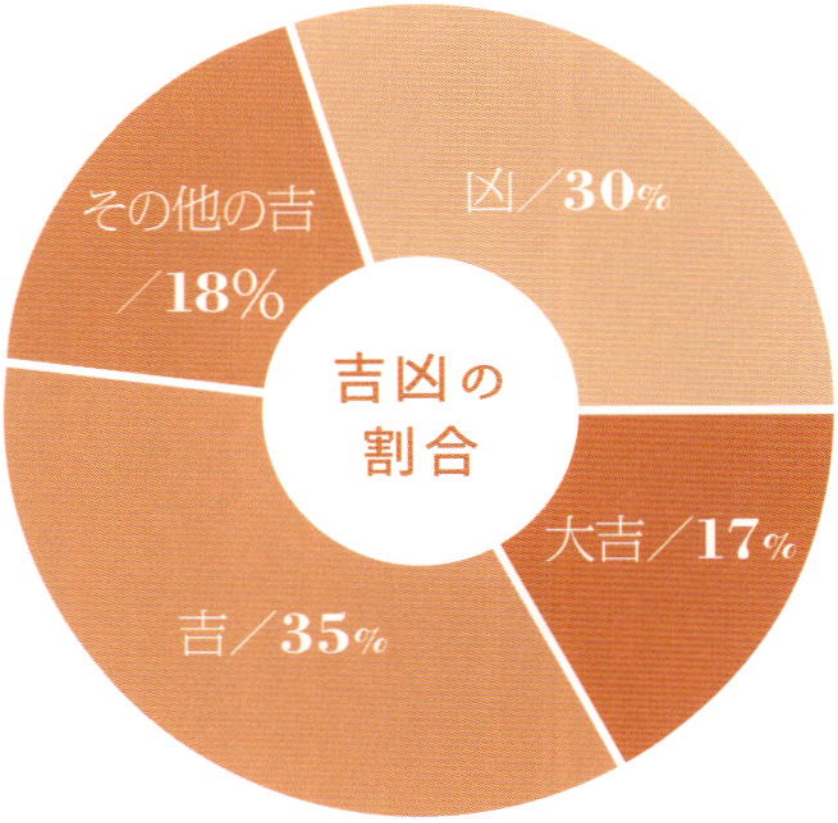

一般的な漢詩おみくじ(元三大師百籤)ではこの割合となっているが多少前後する。「その他の吉」の割合も場所によって中身が変わることがある。

凶はレア

何を引いてもだいたい吉

神社仏閣によっては、凶のおみくじを入れていないところもある。

おみくじの引き方

真剣に占うもよし、楽しむもよし ただしTPOは考えて!

いざ引くとなると、気を付けたいのがマナー。神社やお寺で引くならば、最初に必ずすべきことがある。それはズバリ、参拝。

手水《ちょうず》舎《や》があるなら、お清めしてから参拝するのが望ましい。これからメッセージをいただく神仏に失礼のないよう、ご挨拶をすませておこう。これ以外は特に決まりなどないが、神社仏閣が個別に設けたルールや、係の人の指示などには必ず従うこと。

さて、せっかく引くからには、当たったほうがよいだろう。そのために、占いとして効果的な方法がある。

まず、占いたいことを具体的な質問に絞る。こ

おみくじを引く前に必ず参拝

手水舎

右手で柄杓を持ち、左手を水で清め、柄杓を左手に持ち替えて右手を清める。さらに右手に持ち替えて左手に水を注いで口に含み、口の中を清める。最後に柄杓を縦にし、持ち手を洗う。

参拝

神社は二礼二拍手一礼。2回おじぎをし、手を合わせて2回拍手、最後に1回おじぎする。お寺は1回おじぎをして手を合わせ(たたかない)、最後におじぎをするのがしきたり。

1章 「おみくじ」とは何か?

れが具体的なほど、おみくじの文言を具体的な答えとして受け取りやすくなる。占う前の参拝では、自分の生年月日と質問を念じてアドバイスをください と祈り、できるだけ精神統一しよう。そして、無心で引く。出てきた結果は、吉凶よりも、漢詩や和歌と解説の内容をよく読み解くのが大切。自分の状況と重ね合わせれば、今どのように行動すべきか、ヒントが見つかる。

だが、おみくじすべてがそこまで堅苦しいものと身構える必要はない。実際、江戸時代からゲーム感覚で占う軽めのおみくじ的なものがいろいろあったし、最近は神社仏閣であっても気軽な内容のものはある。深刻になりすぎると、かえって無粋になるかもしれない。仲間とわいわい開くのも、一つの味わい方だ。

真剣に引くか、楽しく引くか、どちらが適しているかは、場所柄やおみくじ自体の個性を見て判断してほしい。

占いをより効果的なものにする方法

> ゲーム感覚は
> OK?

> 無心で引く?

1 占いたいことを具体的にする

2 生年月日と質問を念じる

3 精神統一をして無心で引く

4 吉凶より解説を読み解く

おみくじは生きるうえでのヒントをもらえるものでもある。目的を持って無心で引くことで、書かれた内容を真摯に受け止められる。

楽しむ

種類や場所によっては気軽に

江戸時代から遊び感覚で引くおみくじがあった。現在もそうしたおみくじは多数ある。ただ、場所と雰囲気をわきまえて判断しよう。

もう一回、ってダメ？

引く回数の規定はないが、潔く旅先などで引いて回るのはOK

気に入らない結果が出たら、ついもう一回引いてしまいたくならないだろうか。本当に真剣なら、質問を変えない限り、一度きりが望ましい。だが、別に決まっているわけではない。俗信の三回説など信じてみるのもいい。カード占いの三枚引きのように、つなげて読み解くのも自由だ。

とはいえ、もやもやした気持ちのときほど、感情に任せて何度も引いても、似たような結果が出てしまうことはよくある。そんなときは、一度立ち止まって深呼吸。「気に入らないから」というかたくなな心では、人生ろくなことはない。素直に前向きに、出てきた内容を受け入れてみよう。

何回連続で引いてもいいが…

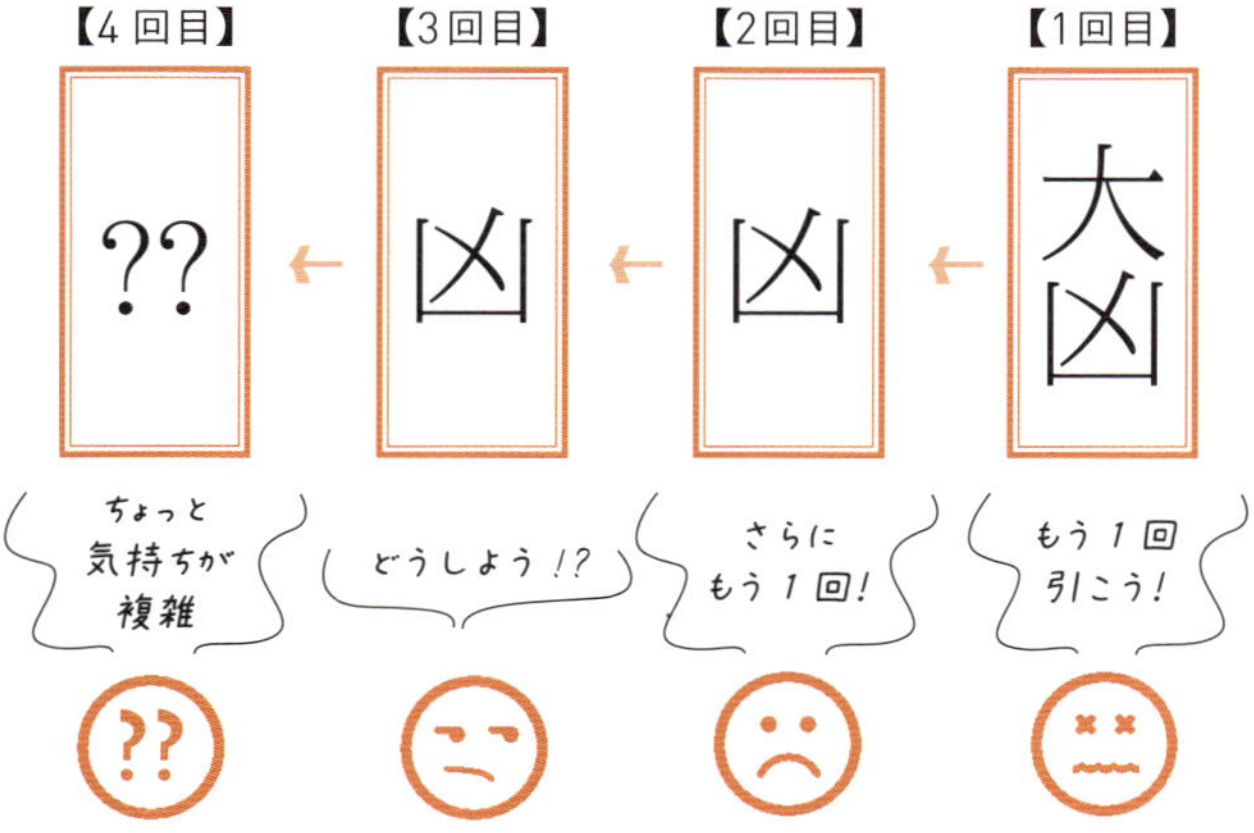
【1回目】
大凶
もう1回引こう!
【2回目】
凶
さらにもう1回!
【3回目】
凶
どうしよう!?
【4回目】
??
ちょっと気持ちが複雑

なお、以上はあくまで、同じ場所で同じ種類のおみくじを引く場合の話だ。おみくじの種類によって切り口や得意分野が違い、場所ごとに祀られている神仏にも性格の違いがある。それぞれを尊重する気持ちさえあれば、相談相手を変えるように種類や場所を変え、いろいろな意見を聞いてみてもよい。よって、一日でいろいろ引いて回るのも一つのスタイルだ。旅先でも、安心しておみくじ巡りを楽しもう。要は回数や頻度ではなく、「気に入らないからもう一回」、という動機が一番いけないのだ。

ここで気になるのが、有効期限。おみくじには、中国の易占いの影響がある。そのときどきで変わりゆく「今」を見るのが易の考え方だ。おみくじも「今のままならこうなる」という見通しなので、決まった期限はない。例えば、初詣なら一年間、それ以外なら課題が一段落するまで、など自分の感覚で決めよう。

はしごしてもOK!

期間をあければOK!

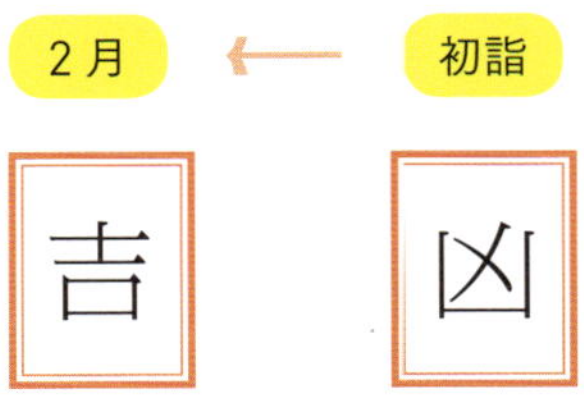

凶の捉え方

おみくじは気の持ちよう

神社やお寺によって吉凶の配分は違う。凶を引くと特典があるおみくじも。何を引いても受け止め方次第。それが自分にとって一番大切なメッセージなのだ。

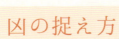

引いた後、どうする？

結ぶ or 持ち帰る
吉凶と関係なく、お好みで

普通、おみくじは結ぶものなのだろうか？　そんなことはない。よく言われるのは、吉なら持ち帰れ、凶なら結べだが、これも決まりではない。自分の好みで決めてよい。

持ち帰るなら、吉凶かかわらず日々の励ましや教訓として役立てることができる。目に付くところにしばらく貼っておくと効果的だ。自分の気持ちに区切りが付くまで、お守りのように持ち歩いてみるのもよい。スクラップ帳やファイルなどで保管し、引いた場所と日付、そのときの自分の気持ちなどの記録を取っても楽しい。日々のライフログとして役立つばかりか、何年後かには貴重な自分史となるかもしれない。

持ち帰る場合

【 case.1 】

壁など部屋の目に付く場所に貼っておくと、常におみくじの内容を意識できる。

【 case.2 】

財布やかばんなどに入れて身に付ける。おみくじがお守りのような役割になる。

【 case.3 】

ファイルブックなどにスクラップして、大切に保管しておく。見返すのに便利だ。

1章「おみくじ」とは何か？

不要になった場合、捨てるのはよくない。近所の寺社に持っていき、所定の場所に結ぶか、古札納め処などからお焚き上げに出そう。

もちろん、すぐに結んでもよい。凶がどうしても嫌な人や、過去にこだわりたくないタイプの人はこちらを選ぼう。ただし、木に結ぶのはマナー違反だ。必ず寺社指定の場所へ。結ぶのには、願掛けの意味合いもある。近年、おみくじに願いごとを書く欄を設けたり、独特な納め方による祈願方法を用意したりしている寺社が増えてきた。結ばれた様子自体が美しいところもあり、楽しみの一つだ。凶なら、厄落としのために特別に納める箱などが設けられている場合もあり、後でお祓いしてもらえる。

持ち帰っても持ち帰らなくても、それぞれにメリットがある。自分にとって最も心地よく楽しく感じられる方法を探してみよう。

不要になった場合

神社仏閣に設けられた専用の場所に納める。お焚き上げで神仏の元にお返ししてくれる。

結ぶ場合

木に直接結ぶのはNG！

神社仏閣の木は神聖なものなので、木に結ぶのはダメ。木を傷めないためにも所定の場所に結ぶ。

探し方と贈り方

巡り集める愉しみ、
小さな幸せを贈る歓び

引いたおみくじを結んでくるのもよいが、やはりコレクションは楽しい。まずは近場の神社仏閣から探検を開始してみよう。それだけでも、いろいろなおみくじを引くことができる。特に、参拝者が多く賑わっている寺社ならば、定番を含め、たくさんの種類のおみくじをズラリと並べて置いているところもよくある。百円玉をたくさん用意しておくといい。

　旅先でもこまめにチェックを。見たことのない、その寺社、その土地ならではのおみくじに出会えたときの喜びはひとしおだ。最近は、神社仏閣以外でも、おみくじを見つけられる機会が増えてきた。観光施設はもちろん、例えば町おこしをがんばっ

地元や旅先で集める

旅先

神社仏閣巡りはもちろん、遠出した先でおみくじを引いて、旅の思い出の一つにするのも楽しい。

近所

地元にある神社やお寺に初詣だけでなく、日ごろの感謝と報告に参拝する際、おみくじを引く。

ている素敵なレトロ商店街など、旅行中の街歩きでも、地元愛にあふれた知る人ぞ知るおみくじが待っている。

ご当地色の強いおみくじは、お土産としても人気だ。プチギフトとして適しているのは、人形におみくじを詰めたタイプのものや、お菓子におみくじが添えられているもの。お土産物店などのおみくじなら、凶が出て気まずい思いをさせることもない。寺社の人形ものは稀に凶の可能性があるので、渡す前に確認しておくのも手だ。一部地域に残る辻占菓子や辻占楊枝の類も、内容の時代感や不思議なユーモアに、手土産として粋な情緒がある。

神社仏閣ではなく地元の商店などが出しているなら、インターネットで注文できることが多い。会話のきっかけとともに、ちょっとした幸福感までも贈ることができるのが、お土産としてのおみくじの最大の魅力だ。

おみくじがお土産？　遠方から入手できるものも

インターネット

お菓子付きや、人形付きなどのおみくじは、インターネットで販売しているものもある。

お土産物屋さん

もともとお土産というのは、ご利益を持ち帰っておすそ分けするための風習だった。おみくじもお土産にできる。

いろいろな種類と個性

引き方も印刷も内容も多種多様な形がある

おみくじには、定番を含め、いろいろな形や種類がある。まず、引き方のバリエーション。クラシックな形では、専用の筒を振って番号の付いた棒を出す。授与所で係の人に番号を伝えて結果の紙を取ってもらうか、並んだ引き出しから番号のところを自分で開けて紙を取り出すセルフサービスのどちらかだ。箱に手を入れて、スピードくじのように引く形も多い。また、人形に詰めたものなどは、授与所やお店で直接選ぶ。

よく見かける赤い自動販売機は、明治三九年からと、意外に古い。その後は、凝ったカラクリ自販機も登場してくる。近年はガチャガチャ式が増えてきた。釣り竿で釣り上げたり、弓矢で狙っ

印刷の風合いと見やすさ

デジタル

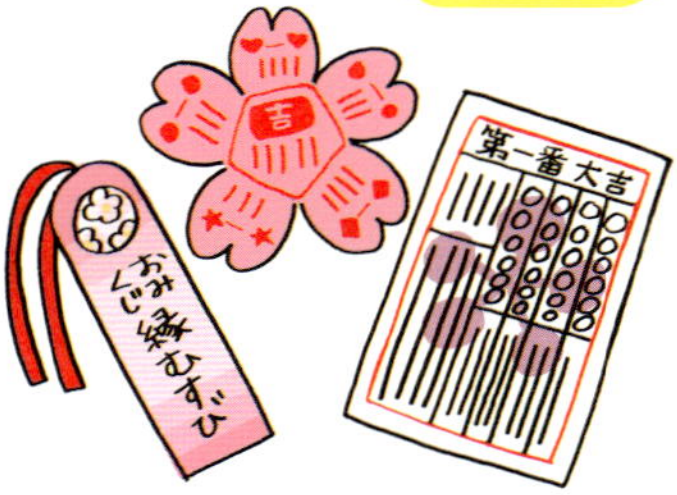

現代はデジタル印刷が主流で、読みやすい。デザインで個性を出すおみくじも増えている。

木版

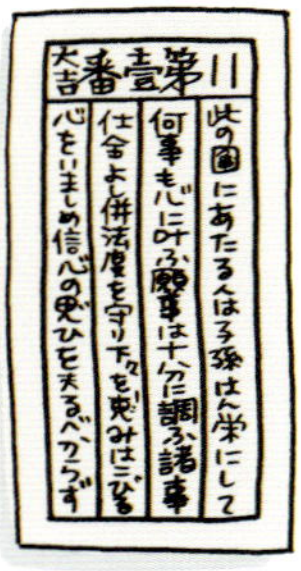

木版を元にしたおみくじは、読みにくさはあるが、江戸時代から続く風合いが魅力的。

たりするユニークなところもある。

用紙の雰囲気もさまざま。最も多いのは、小さく折り畳み、糊で封をしてある量産型の和歌おみくじである。それだけに活字も読みやすい。昭和初期あたりから変わらないような、レトロな印刷や仮名づかいのものも案外多く、懐かしい気持ちになる。もっと古くなると、江戸や明治の、木版手刷りの風合いを残したものもあり、味わい深い。見やすい現代的な印刷では、その場所ならではの絵柄などを意識したデザインを取り入れることが増えている。栞タイプや、水に浸けると文字が浮き出るなどの変わり種も楽しい。

内容にも、場所によって個性がある。漢詩や和歌のほかには、諺《ことわざ》や格言、俳句など。詳しく運勢を解説するもの、逆にひと言だけのものも。昨今は、方言やご当地色などで地元愛を打ち出したものが目立ってきた。このようにおみくじは、どんどん多様化している。

引き方の多様性

神社仏閣によっても引き方はさまざま。気持ちの高ぶりはどれも同じ!?

いろいろなおみくじ

- 筒から番号の棒を振り出す
- 箱に直接手を入れて引く
- 売店などの店頭販売
- 釣る、射るといった
  アクティビティタイプ
- カプセル自動販売機のタイプ

メッセージの種類

和歌　漢詩　格言

和歌、漢詩、格言、方言、ひと言だけなど、メッセージの内容は多種多様。キャラクターの言葉など、ユニークなものもある。

方言　ひと言

引く人のための物語

おみくじの多彩な内容は、場所、言葉、引く人自身の響き合い

前頁で触れたように、おみくじにはさまざまな切り口がある。得意な運勢の分野が違ってきたり、場所による個性も加わったりする。

最も身近なのは、「恋みくじ」。昔も今も、恋愛は女性の大きな関心事だが、自分の力だけではどうにもならず、あとは神頼みしかない。定番の「恋みくじ」に加え、縁結びに強い寺社では、恋愛運に特化した独自のおみくじを設けることがある。恋に悩む人には、わざわざ訪れ、おみくじで恋愛に絞った神仏の言葉をいただくことが、特別な力を持つだろう。

「子供みくじ」も定番。やさしい言葉で、教訓とともに勉強や友だちなど小学生向けの運勢が

いつの世も恋の行方に興味は尽きず

縁結び

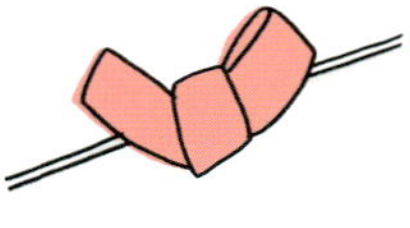

おみくじを神社仏閣の所定の場所に結ぶことで、「縁結び」と解釈する場合がある。

イラストや人形

ハートや姫などのイラスト、少女の人形付きなど、恋愛運を象徴するようなビジュアルも多数ある。

定番

恋愛運に特化したおみくじで、「恋みくじ」のタイトル。恋のご利益がある神社仏閣も多い。

並ぶ。美しいイラストで日本神話の場面を載せたものもある。神々や自然の大きな力を感じ親しむ、情操教育によさそうだ。

おみくじには、神社の祭神やゆかりの人物の和歌を載せることがよくある。その場所と関係の深い歴史上の人物の名言も多い。由緒ある場所でこの種のおみくじを引けば、神様や偉人と時空を超えて対話している気分になれる。

だるまや招き猫など、縁起物の人形に詰めたおみくじは今や大人気だ。その寺社の神仏のお使いとされる動物をはじめ、訪れた土地と縁のあるモチーフなら、まるで人形がメッセージを運んできてくれたかのよう。

おみくじ自体の持っている言葉や世界観と、引く人自身とが響き合ってはじめて、そこに一期一会の物語が完成する。これはほかならぬ「今ここにある自分」だけのための物語なのだ。

縁起をかつぐ

だるま

福を招く縁起物として古くから親しまれてきただるま。各地にだるまみくじがあり、デザインも多彩。

招き猫

商売繁盛や縁結びのご利益で人気の招き猫が付いたおみくじ。招き猫に縁のある神社仏閣もある。

子どもがドキドキして引く

オマケ付き

神話のイラストを載せたおみくじが、各地の神社で展開されている。最近はキャラクターものも増加。

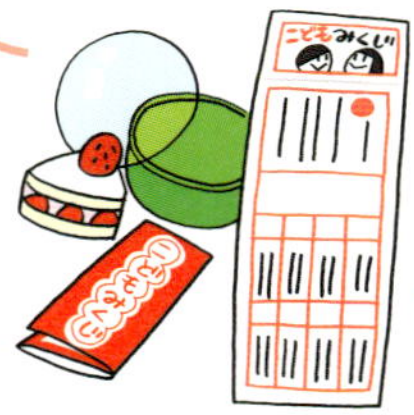

玩具や人形の付いたおみくじが子どもに人気。

イラスト付き

京都

祇園〜東山

有名な神社仏閣が密集するエリア。古都の観光名所を巡りながらおみくじを引くと楽しい。バス一日券を活用しながら歩こう。

3 **高台寺**
秀吉くん ねねちゃんおみくじ ▶P.107

7 **錦天満宮**
からくりみくじ ▶P.64

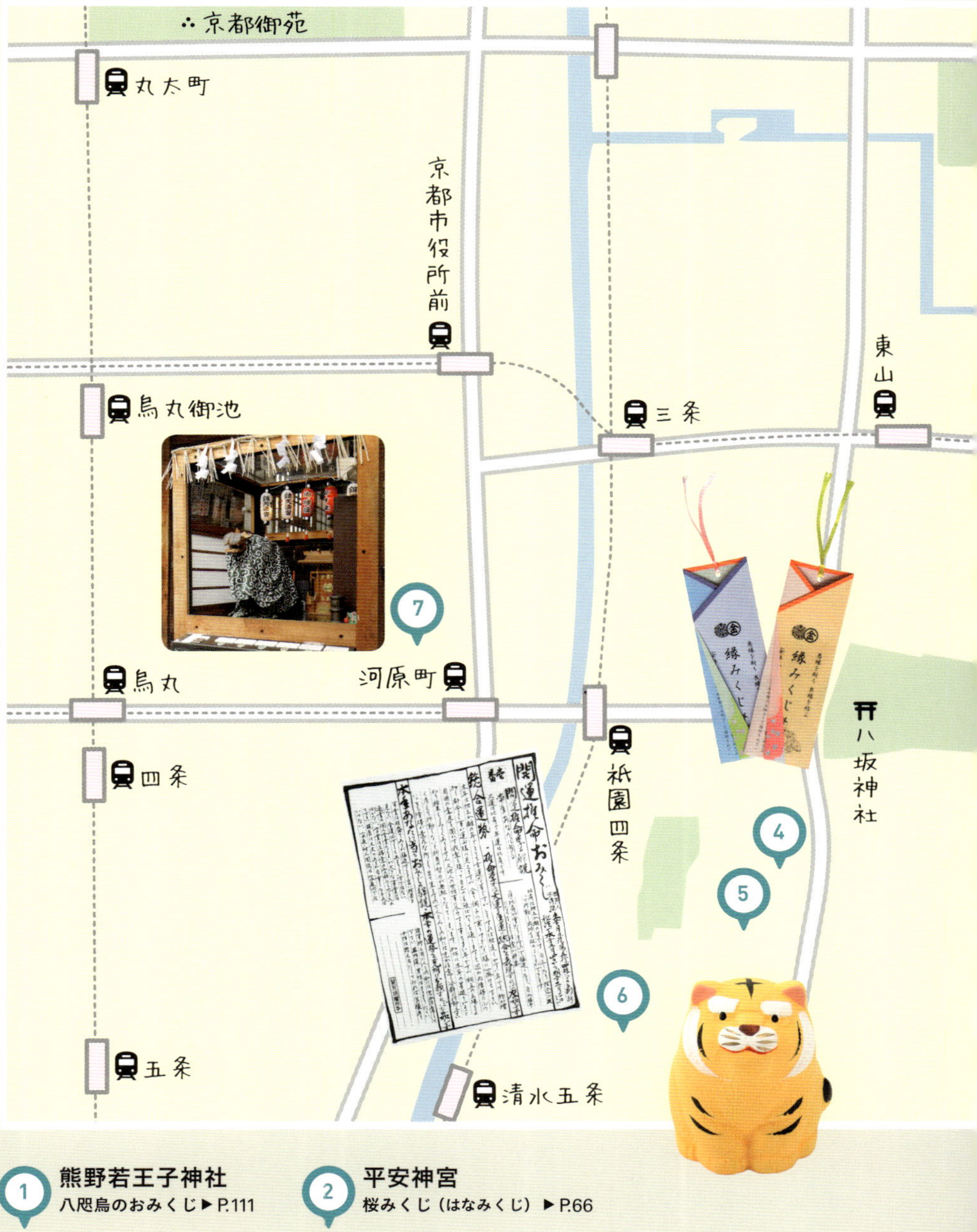

1 **熊野若王子神社**
八咫烏のおみくじ ▶P.111

2 **平安神宮**
桜みくじ（はなみくじ） ▶P.66

4 **安井金比羅宮**
縁みくじ ▶P.67

5 **建仁寺塔頭 両足院**
おみくじ* ▶P.112

6 **六波羅蜜寺**
開運推命おみくじ ▶P.67

おみくじ散策!

東京

下町エリア

下町を歩くと多くの神社仏閣に行き合う。新旧の町並みを観光しながら、おみくじを引くのも粋な過ごし方。鉄道網の駆使で一度に巡れる数も増える。

4 **浅草寺**
おみくじ* ▶P.50

5 **小野照崎神社**
幸せみくじ ▶P.51

9 **富岡八幡宮 七渡神社**
縁結びみくじ ▶P.53

10 **富岡八幡宮**
八幡みくじ ▶P.53

1 **西の寺 鷲在山長國寺**
おみくじ* ▶P.52

2 **被官稲荷神社**
狐みくじ ▶P.54

3 **浅草神社**
夫婦狛犬みくじ ▶P.54

6 **谷中の茶ノ間**
猫みくじ ▶P.137

7 **台東区立下町風俗資料館**
おみくじ* ▶P.50

8 **湯島天満宮**
おみくじ* ▶P.51

Column

おみくじの豆知識 1

易占いってどんなもの？

おみくじに多大な影響を与えた易占い。これは中国の四書五経に数えられる「易経」をさす。占いと同時に人生哲学でもある、重要な思想書だ。易では、世界のすべては陰と陽で成り立つ。陰陽の関係性のあり方を「天、地、火、水、山、沢、風、雷」の8種類に分けたのが、「当たるも八卦、当たらぬも八卦」の八卦。これらを8×8で組み合わせ、64種類の結果を出す。占い方は意外に簡単。単純化すれば、コインを6回投げ、出たのが表（陽）か裏（陰）かを順番に記録するだけ。興味のある人は、入門書を用意して、さっそく結果を見てみよう。

中国のおみくじは最高ランクがものすごい！

中国には宋代以前から、非常に多種多様なおみくじがある。漢方薬の処方をおみくじで決める習俗まであったほど。吉凶はなしか、あっても日本と少々違う表記になる。日本の「元三《がんさん》大師百籤《だいしひゃくせん》」の元になった中国の「天竺《てんじく》霊籤《れいせん》」も吉凶なし。吉凶付きバージョンの「天竺霊籤」が今後発見されれば話は別だが、さもなくば日本のおみくじの一般的な吉凶の名前と順番は、日本独自の可能性が高い。なお、中国のおみくじで最も幸運なのは「大大吉」ではなく、その名も「籤王」。ありがたすぎて、出たらお礼にお供えをしなければならない決まりだ。

2章 ベーシックおみくじ

吉凶や運勢などで
人生や生活の指針を示すおみくじは、
紙に記載されたものを
イメージする人が多いだろう。
ただ、紙といっても神社仏閣によって
記載内容やデザインは
まったく違う。
そして、各々の
個性と魅力がある。

神社
北海道

英語で何て言うの?がわかる

◎おみくじ*

日本人も知りたいことわざと和文化

表と裏にそれぞれ、日本語と英語が見比べやすくレイアウトされている。外国人観光客が多いのに配慮した形態だが、実は日本人にこそ勉強になる。おみくじはfortune slipだが、吉凶は英語で言えるだろうか？　身近なことわざと、松竹梅、鶴亀など縁起のよいものも添えられている。こういう何気ない言葉ほど、とっさの英訳は難しい。もちろん外国人も、運試しのついでに日本文化が学べて、一石二鳥なのだ。

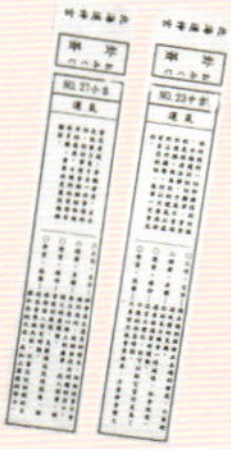

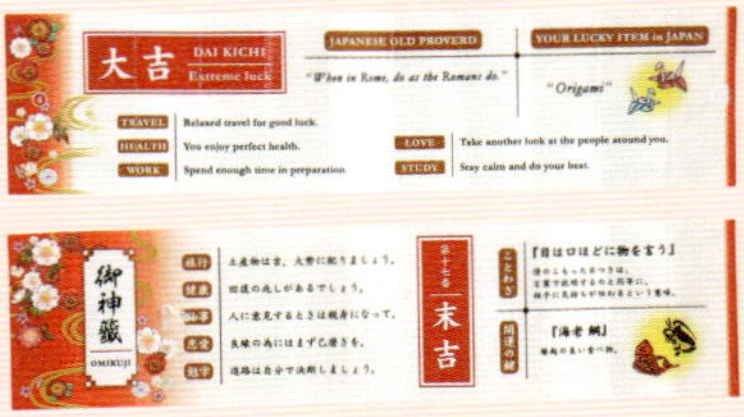

幸福神籤も人気！

北海道神宮《ほっかいどうじんぐう》

- 北海道札幌市中央区宮ヶ丘474
- http://www.hokkaidojingu.or.jp

北海道の開拓・経営を守護するため、明治時代に祀られ、人々に崇拝されている。約1,400本の桜並木、豊かな緑の環境は、エゾリス、キタキツネ、野鳥の楽園でもある。

商売繁盛　厄除開運　交通安全

お寺
宮城

あなたは今、極楽? 地獄?

◎六道輪廻《ろくどうりんね》おみくじ

死後の世界の行き先診断

死後の世界は現世の心が決める

仙台屈指のにぎやかなお寺。信じる者を必ず極楽浄土へ迎えてくれる阿弥陀如来を祀る。境内には、歴史や仏教を学べる「定義玉手箱」という施設が。その中にある「六道輪廻おみくじ」では、もし今の自分が死んだら6種類ある死後の世界「六道」のどこに行くかを診断。もちろん今死ぬわけではないので、あくまで例え話だ。どう死ぬかはどう生きるか。今の心のあり方を映すのが六道なのだ。

定義如来《じょうぎにょらい》 西方寺《さいほうじ》

- 宮城県仙台市青葉区大倉字上下1
- http://www.johgi.or.jp

良縁　子宝　安産

平家落人の寺。御本尊は平重盛公が中国径山寺より送献された阿弥陀如来の御霊像。一生一度の大願を叶えてくださる如来様として昔より信仰されている。

定義如来 西方寺の参道の名物は定義揚げ。厚揚げで三角定規の形をしている。

神社
福島

四季折々、地元民の憩いの場

◎花みくじ

がんばる地域に花は咲く

昔から地元で親しまれた信仰の山に鎮まる神社。眺望がよく、桜の名所でもあり、通年にぎわう。イベントなどに境内を無料で貸し出したりと、地域の活性化を応援する心意気で、平和と繁栄の祈りの場に命を吹き込み続けている。人気の「花みくじ」は、今の自分の状態や運勢を、いろいろな花ことばに例えて占う。心の奥をのぞかれたかのような鋭い教訓が印象深く、よく当たる、的を射ていると評判だ。

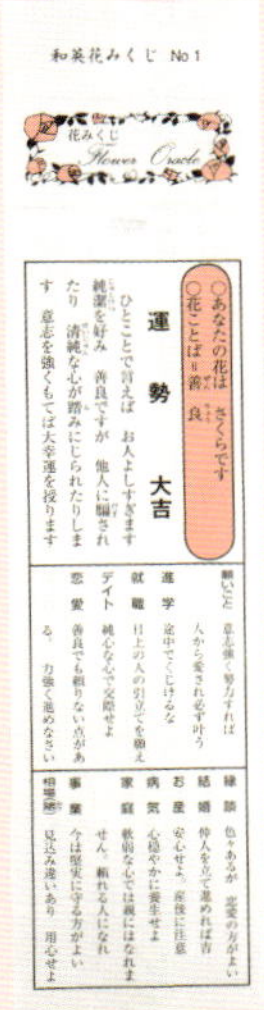

裏面は英語版！

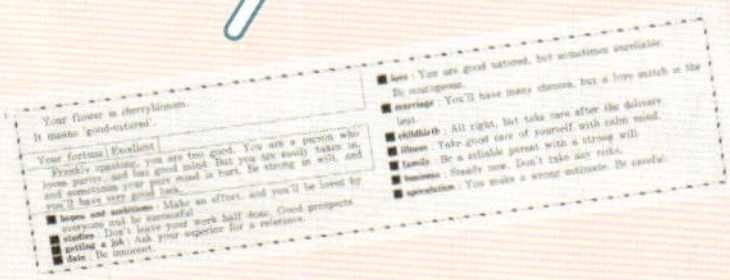

福島縣護國神社《ふくしまけんごこくじんじゃ》

●福島県福島市駒山1
●http://gokoku559.info

福島市の中心、信仰の山として市のシンボル的な存在である信夫山の中腹に鎮座。福島県に縁のある英霊と伊勢神宮の天照皇大御神が祀られ、多くの参拝者に人気。

平和　繁栄

神社
茨城

偕楽園《かいらくえん》で黄門さまの和歌

◎おみくじ*

梅のように
学業も開花

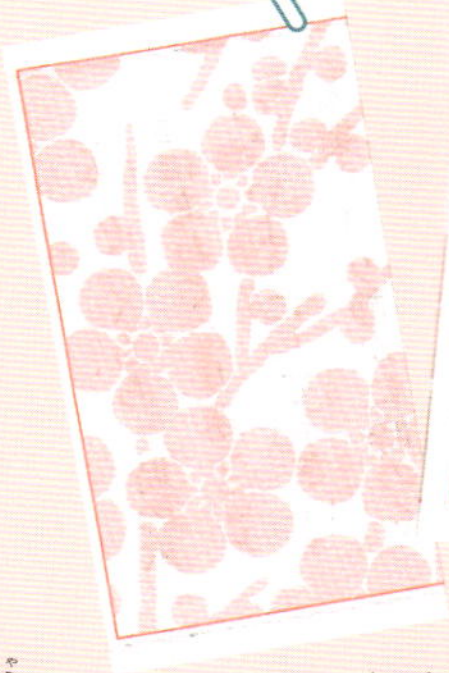

梅の名所の神社に宿る水戸藩の精神

広大な梅の名所、偕楽園内の神社。祭神は、水戸黄門こと水戸藩２代藩主徳川光圀公（義公）と、偕楽園創設者の９代藩主徳川斉昭公（烈公）。両公とも文化教育に力を注いだ。おみくじでも、祭神の和歌でその精神に触れたい。梅は学問を愛する心に共鳴して開く花だという。偕楽園そのものが、当初から学業のパワースポットなのだ。周辺では水戸藩の学校だった弘道館も、やはり梅の名所なのであわせて行こう。

常磐神社《ときわじんじゃ》

●茨城県水戸市常磐町1-3-1
●https://www.facebook.com/tokiwajinja/

学業成就　必勝祈願　交通安全

水戸黄門で知られる徳川光圀公と、偕楽園や弘道館の創設者・徳川斉昭公を祀る。境内にある歴史博物館には、「大日本史」や「陣太鼓」など水戸藩の資料が展示されている。

徳川光圀は、日本ではじめてラーメンを食べた人という説がある。

神社
栃木

おみくじも見所てんこ盛り

◎おみくじ＊
◎御遺訓おみくじ

かわいい人気者と家康公のお言葉

一日中眺めても飽きないと言われる陽明門に、豪華絢爛な社殿。見所を挙げればきりがない。そんな多くの名所の中から、おみくじも人気者をしっかり押さえている。眠り猫と三猿の包みに入ったおみくじは、旅の記念にもなるだろう。これだけでなく、ぜひあわせて引いていってほしいのが家康公の「御遺訓おみくじ」。戦国の世を最後まで勝ち抜いた人だけに、言葉の重みが違う。必ず人生の役に立つはずだ。

猫と猿のカード付き

家康公のお言葉を心に刻んで！

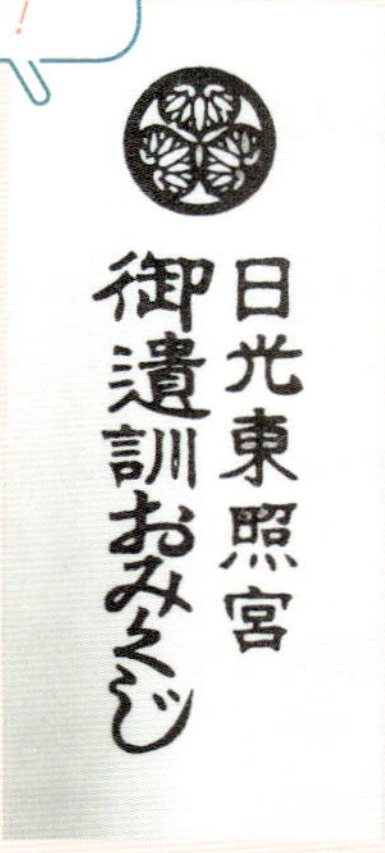

奥宮エリアには家康公の墓所があり、今なおその威厳は色あせない。

日光東照宮《にっこうとうしょうぐう》
●栃木県日光市山内2301
●http://www.toshogu.jp

1617年創始で、徳川初代将軍家康公を御祭神にお祀りしている。主な社殿群は３代将軍家光公によって造営されたもの。境内には博物館や美術館もある。

学徳　合格　家内安全

日光東照宮の陽明門は、柱の模様が１個だけわざと上下逆にされている。

神社
栃木

美しい天井画をお守りに

◎中宮祠《ちゅうぐうし》天井画開運みくじ

花の一つひとつに美術魂が宿る

日光国立公園の中心で、多くの文化財を持つ中宮祠。2016年春には、日本画専攻の学生たちによる天井画がお披露目され、新たな見所に。緻密なスケッチを重ねたさまざまな花が、格子ごとに描かれ、目を楽しませる。この天井画が、おみくじになった。鮮やかな金色の包み紙に、格子一つ分の絵があしらわれ、全50種。包み紙だけで開運お守りになる。これはひとえに、幸せを創りだす美術の力ゆえだろう。

おみくじを開くと
鮮やかな絵画

日光《にっこう》二荒山《ふたらさん》神社《じんじゃ》中宮祠《ちゅうぐうし》
●栃木県日光市中宮祠2484

家内安全　開運　良縁

御山として崇拝された霊峰男体山に鎮座。総漆塗りの本殿や拝殿をはじめ、刀剣類、男体山頂祭祀遺跡の出土品などを展示した宝物館もあり、観光名所としても知られる。

神社
埼玉

和同開珎《わどうかいちん》ゆかりの金運祈願

◎金みくじ

金ピカの紙は
お守りにも

銭神《ぜにがみ》 聖神社《ひじりじんじゃ》
●埼玉県秩父市黒谷2191

金運　開運

和同開珎ゆかりの神社ということから地元の人々に銭神様と呼ばれ、現在も金運、開運を求めて多くの人が参拝。和銅黒谷駅から徒歩5分で、周辺には和銅採掘遺跡もある。

お金を生み出す鉱山のパワー

ここは、和同開珎の原料となった自然銅を産出する鉱山のふもと。はじめて採掘された時代の銅塊と、それを元に作られたムカデの像をご神体として創建された神社だ。ムカデは、長く連なる胴体が鉱脈を連想させることから、鉱山の神の使いで、財運をもたらすという。金色に輝く「金みくじ」の中にも、和同開珎とムカデのデザイン。書かれている内容も金運に特化している。大大吉もあるので、ぜひとも狙いたい。

お寺
東京

昭和な漫画と天狗のお告げ

凶でも笑える絵と天狗様のお言葉

ミシュラン掲載で人気の高尾山。漢詩の内容をイラスト化した「絵みくじ」が珍しい。特に凶ほど、ギャグ漫画のようなトホホ感があり、親しみが持てる。最近何だか調子が悪いという人には、苦笑いを通して状況を客観的に見つめるきっかけとなるだろう。天狗の山ならではの「天狗の落とし文みくじ」も楽しい内容となっている。お言葉を日々の指針にすれば、開運間違いなし。かわいい天狗根付け7種類のどれかが入っている。

第百凶

漫画のような
おもしろさ！

◎絵みくじ

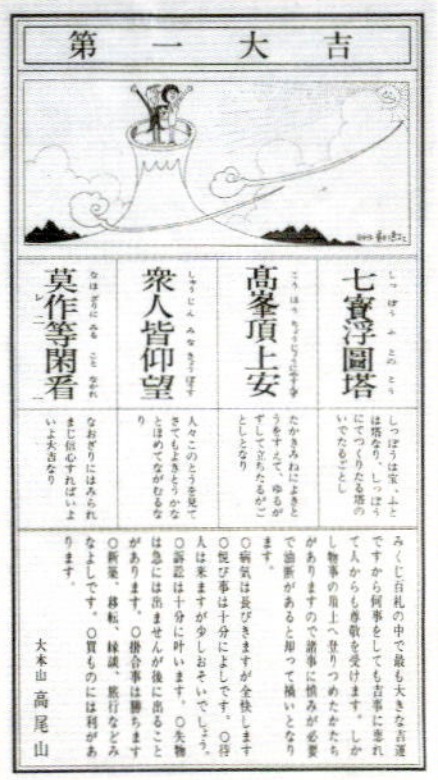
第一大吉

七寶浮圖塔　高峯頂上安　衆人皆仰望　莫作等閑看

しっぽうは宝、ふとは塔なり。しっぽうにてつくりたる塔のいでたるごとし

たかきみねによきとうをすえて、ゆるがずして立ちたるがごとしとなり

人々このとうを見てさてもよきとうかなとほめてながむるなり

なおざりにはみられまじ信心すればいよいよ大吉なり

みくじ百札の中で最も大きな吉運ですから何事をしても吉事に恵まれて人からも尊敬を受けます。しかし物事の頂上へ登りつめたかたちがありますので諸事に慎みが必要で油断があると却って禍いとなります。
○病気は長びきますが全快します○悦び事は十分によしです。○待人は来ますが少しおそいでしょう。○訴訟は十分に叶います。○失物は急には出ませんが後に出ることがあります。○掛合事は勝ちます○新築、移転、縁談、旅行などみなよしです。○買ものには利があります。

大本山　高尾山

天狗根付けは7種類ある

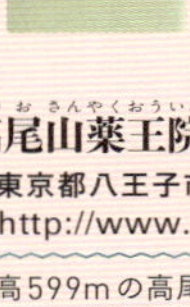

◎天狗の落とし文みくじ

高尾山薬王院有喜寺《たかおさんやくおういんゆうきじ》

● 東京都八王子市高尾町2177
● http://www.takaosan.or.jp

標高599mの高尾山中腹に位置し、山内における信仰の中心地となっている。744年、聖武天皇の勅命により開山され、現在では年間約300万人の来山者がある寺院。

開運　厄除

修験道の、山で修行する人を山伏と言い、過酷な修行で超能力を身に付けると考えられた。

神社 東京

江戸の趣が今も残る

◎おみくじ*

古い木版刷りが旅情をかき立てる

深い森の木漏れ日、苔むす岩を潤す清らかな渓谷のせせらぎ。古くからの信仰の山で、今なお修行に使われている滝も涼やかだ。東京から好アクセスなのが意外なほどの、大自然の恵みがここにある。そのセンターに位置する神社のおみくじは、江戸の昔より伝わる原本を元にした版木で刷ったもの。場所の隔絶感とあいまって、日常を離れ思いもかけず遠くに来てしまったような不思議な感覚が味わえる。

古い版木で刷ったおみくじ

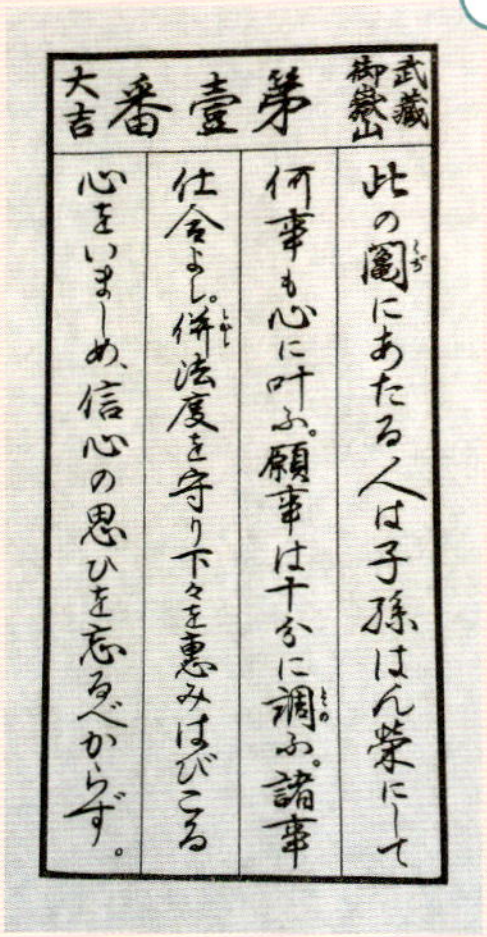

武蔵御嶽神社《むさしみたけじんじゃ》

- 東京都青梅市御岳山176
- http://musashimitakejinja.jp/

関東屈指の霊山、御岳山に鎮座。知恵と占いの神「櫛麻智命」が御祭神。日本武尊の御眷属「大口真神(おいぬ様)」は広く知られ、盗難除・厄除などで崇敬を集める。

家内安全　厄除

神社 東京

吉凶なし。和歌のみの格調高さ

◎おおみごころ

英語版もある！

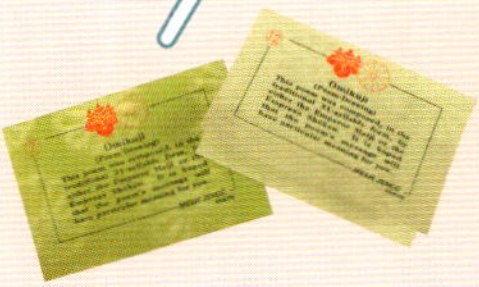

おみくじ本来の読み方を味わう

明治神宮は明治天皇と皇后の昭憲皇太后をお祀りする神社。明治天皇は生涯に約10万首、昭憲皇太后は約3万首の和歌をお詠みになった。御祭神の和歌に表された大御心（おおみごころ）は、日々の励ましになるものばかりだ。和歌がよくわからなくても、裏に詳しい解説があるから安心。厚紙製の額もいただけるので、大事に掲げて、今の自分へのメッセージとして噛みしめよう。

明治神宮《めいじじんぐう》

- 東京都渋谷区代々木神園町1-1
- http://www.meijijingu.or.jp

皇室弥栄　国家安泰　良縁祈願

大正９年創建、明治天皇と皇后の昭憲皇太后をお祀りしている。境内林は、約100年前に10万本ほどの献木を植栽したもの。2020年に鎮座100年を迎える。

「宿坊」という民宿のような施設がある寺社では、早朝のお勤めや滝行など貴重な体験ができる。

神社
東京

ロマンチックな恋の和歌

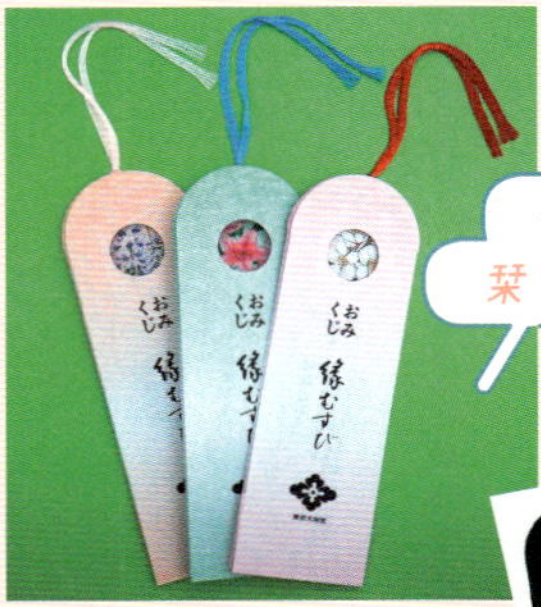

◎縁結びみくじ

香り付きの栞タイプ

女性に大人気の縁結びの神社

日本初の神前結婚式を行った神社。都内屈指の縁結びスポットには良縁を求める女性が訪れる。もちろんおみくじも恋愛に特化。「縁結びみくじ」の運勢の項目は交際と出会いのみで、ニーズをがっちりつかむ潔さ。注目すべきは、古今集などから選りすぐった恋の和歌と、四季折々の花の紹介を添えた教養あふれる内容だ。花の香り付きで栞なのもおしゃれ。相手の血液型、星座、干支が記載された「恋みくじ」も。

◎恋みくじ

東京大神宮《とうきょうだいじんぐう》

● 東京都千代田区富士見2-4-1
● http://www.tokyodaijingu.or.jp

良縁　恋愛運

伊勢神宮の遥拝殿として明治13年に創建され、「東京のお伊勢さま」と言われ親しまれている。神前結婚式を創始した神社としても有名で、良縁を願う参拝者が多い。

神社
東京

「港七福神めぐり」で引く

◎おみくじ*

おみくじ機で引ける

七福神を乗せた宝船から福をいただく

港七福神めぐり（元旦から成人の日まで）のうち、宝船の巡拝所となっており、細やかな織物の宝船のお守りがある。このお守りを目当てに参拝する人は多いが、おみくじも引いておきたいところ。境内にはおみくじ機があり、折りたたんだシンプルな定番おみくじを引ける。おみくじの内容をしっかり受け止めたら、宝船石像をお参りして、さらに福をいただきたい。同神社にある「かえるおみくじ」（p.96参照）も魅力的だ。

十番稲荷神社《じゅうばんいなりじんじゃ》

● 東京都港区麻布十番1-4-6
● http://www.jubaninari.or.jp

家内安全　商売繁盛　合格祈願

戦災で焼失した末広神社と竹長稲荷神社を現在地に換地し、合併した神社。港七福神めぐり（港区の中心地にある社寺を参拝する）にて、宝船の巡拝所でもある。

* 七福神の中でも日本出身の神様は「えびす様」だけで、ほかはインドと中国の出身。

神社
東京

桜に白鳩、風物詩を凝縮

◎桜みくじ

近代史を感じつつ
大大吉を狙おう

幕末の志士から先の大戦までの戦歿者（せんぼつしゃ）を祀る神社。その神霊に感謝し平和を祈るシンボルとして、貴重な白鳩を境内で育てている。また、東京の桜の開花基準となる標本木がある、桜の名所。「桜みくじ」にも、白鳩または桜の根付けが入っている。色違いで全12種。大大吉がある一方、凶も入っている。参拝後は境内の遊就館や周辺の昭和館で、近代日本の歴史に触れよう。

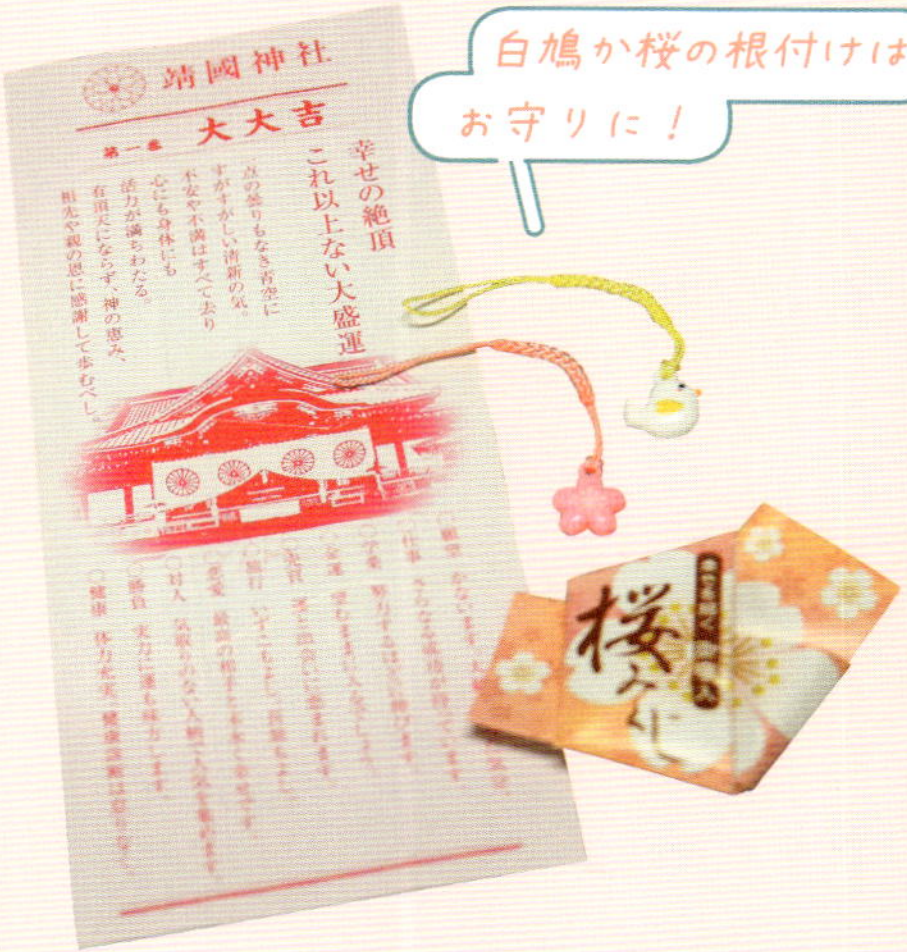

白鳩か桜の根付けはお守りに！

靖國神社《やすくにじんじゃ》
● 東京都千代田区九段北3-1-1
● http://www.yasukuni.or.jp

国家安泰

明治２年、明治天皇の思し召しにより創建。幕末の志士から先の大戦までの戦歿者を祀る。境内の博物館には宝物、御祭神の御遺書・御遺品などを展示。桜の名所でもある。

神社
東京

自分の誕生月を引く特別感

◎月みくじ

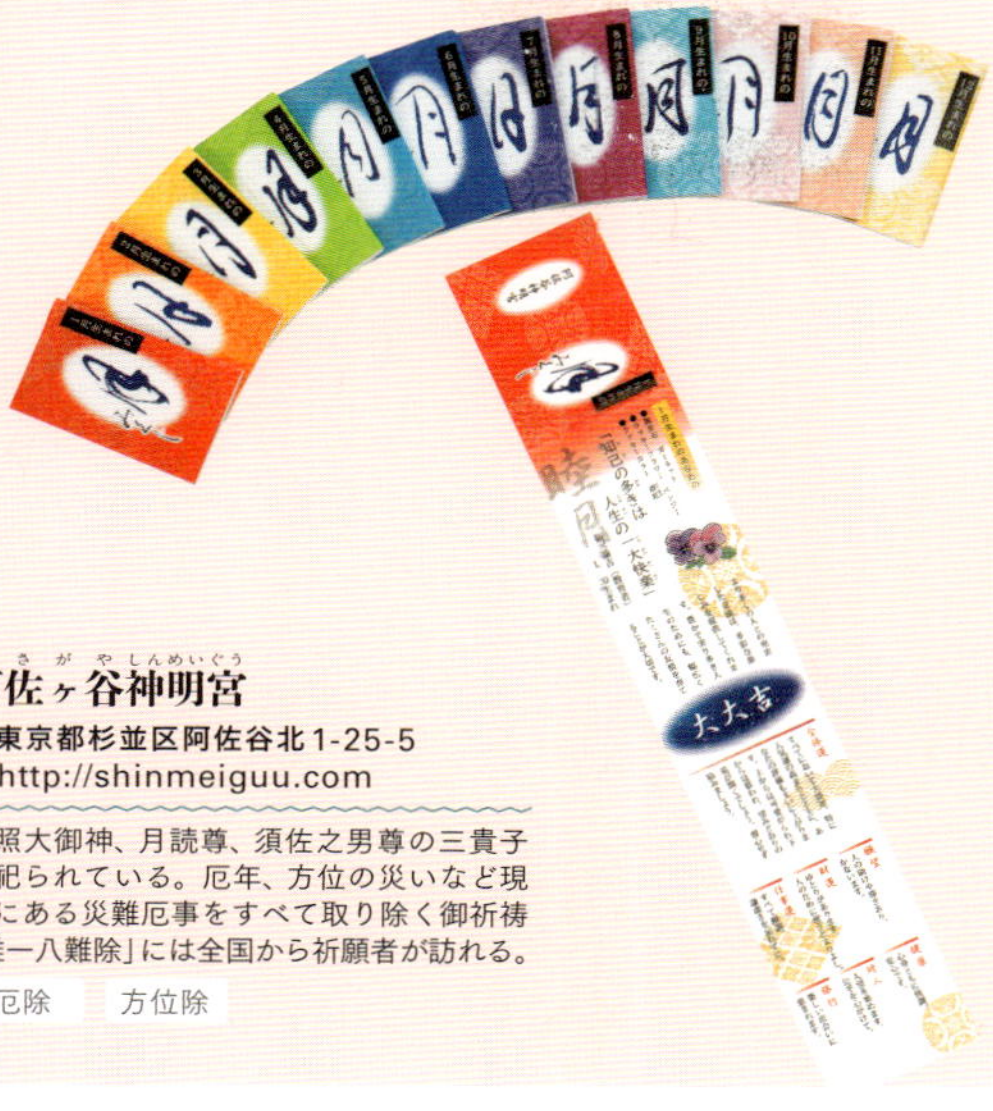

カラフルでしゃれた
表紙のデザイン

伊勢神宮との縁が深く、都内にあって、まるで伊勢の御神域全体をコンパクトに凝縮したかのような神社。ここだけの独特な厄除けの御祈祷「唯一八難除祈祷」が力強い。「月みくじ」は誕生月ごとに分かれている。単に引くだけよりも、特別な気持ちで受け取れそうだ。ことに大大吉のうれしさは格別となるはず。月ごとに、色のみならず「月」の書体がすべて違うのも見比べるとおもしろい。

阿佐ヶ谷神明宮《あさがやしんめいぐう》
● 東京都杉並区阿佐谷北1-25-5
● http://shinmeiguu.com

天照大御神、月読尊、須佐之男尊の三貴子が祀られている。厄年、方位の災いなど現世にある災難厄事をすべて取り除く御祈祷「唯一八難除」には全国から祈願者が訪れる。

厄除　方位除

お寺
東京

最も親しまれる漢文おみくじ

◎おみくじ*

老若男女から フールドワイドへ

お寺の漢文おみくじの定番である元三大師百籤がルーツ。その中でも、これほど一箇所で日本各地の人々が引いているのは稀有なのでは。「元三大師百籤」は「観音籤」とも呼ばれ、観音様のお告げをいただくためのもの。おみくじは版木を活かした印刷で、吉凶は古来の割合を厳守している。凶が出ても誠実に努めれば吉へ転じるとのこと。現在は裏に現代語訳と英訳が書かれ、世界中の人々に親しまれている。

江戸時代の版木を使用

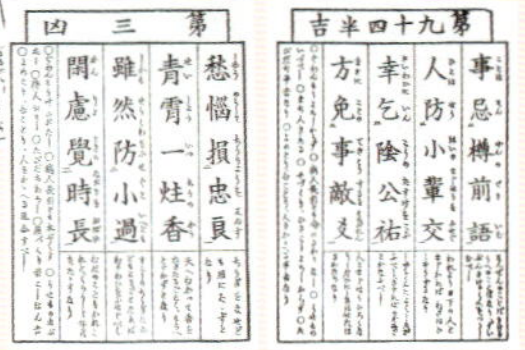

浅草寺《せんそうじ》

● 東京都台東区浅草2-3-1
● http://www.senso-ji.jp

雷門や仲見世で有名な浅草を代表するお寺・浅草寺は、1400年近い歴史を持つ観音霊場である。信仰をはじめ庶民の文化拠点でもあり、国内外から年間3,000万人が訪れる。

安産　合格祈願　無病息災　交通安全

文化施設
東京

博物館に、おみくじの祠《ほこら》

◎おみくじ*

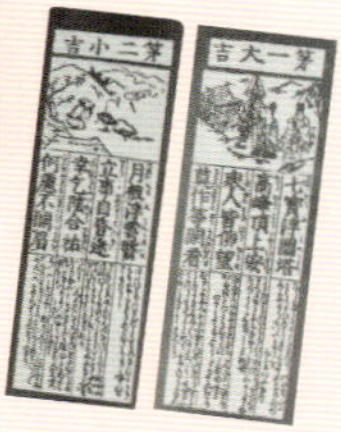

台東区立下町風俗資料館《たいとうくりつしたまちふうぞくしりょうかん》

● 東京都台東区上野公園2-1
● http://www.taitocity.net/zaidan/shitamachi/

大店の商家、路地に囲まれた長屋や井戸端など下町の生活空間を再現するとともに歴史を物語る地図や写真、銭湯の番台なども展示している。懐かしい玩具コーナーもあり。

見つけた人だけの お楽しみ体験

受付をくぐると、昔なつかしい下町の商家や駄菓子店を生活感までリアルによみがえらせた空間。誰でも楽しめる体験型展示が満載だ。実はその一つが、おみくじ。再現された家々の路地を一番奥まで進むと、お稲荷さんの祠が。ここで江戸時代のおみくじを引ける。くずし字だが、その場で参照できる現代語訳や、持ち帰れる英訳を設置。内容は元三大師百籤の一部で、凶はなし。

神社
東京

繭玉でできたフクロウ

◎幸せみくじ

繭の中で
願いごとを育む

おみくじが
結ばれた光景

小野篁（おののたかむら）公と菅原道真公という、学問の神様をダブルで祀る神社。それだけに、世界中で知恵のシンボルとされるフクロウの「幸せみくじ」がある。それぞれ表情の違うフクロウは、繭玉製。人形の中にはおみくじと一緒に「願い文」が入っているので、願いごとを書いたらまた中に戻そう。蚕が繭の中で成長し羽化するように、願いも育って大きく羽ばたける日までそのままお守りとして持ち歩くとよい。

小《お》野《の》照崎《てるさき》神社《じんじゃ》

- 東京都台東区下谷2-13-14
- http://onoteru.or.jp

学問　芸能　仕事

御祭神は平安初期有数の歌人であり、学者、参議も務めた小野篁公。1828年に富士山から運ばれた溶岩で築き上げた富士塚（高さ約６ｍ）には、今でも多くの人が訪れている。

神社
東京

合格祈願の超有名スポット

◎おみくじ*

中身は
菅原道真公の和歌

御祭神・菅原道真公の
和歌の趣意を感じる

合格祈願の元祖との呼び声も高い湯島天神。東京近郊で受験勉強をしたことがある人なら、一度は訪れたことがあるのでは。そして、このおみくじを引いたことがあるのではないだろうか？　中に書いてあるのは、天神様こと菅原道真公の和歌。おみくじに御祭神の和歌を使うことで、よりそのお告げとしての意味合いが増す。朱色で印刷された梅の神紋にも見守られているようで、身の引き締まる思いがする。

湯《ゆ》島《しま》天満宮《てんまんぐう》（湯島天神）

- 東京都文京区湯島3-30-1
- http://www.yushimatenjin.or.jp/

458年、雄略天皇の勅命により創建される。天神様がこよなく愛された梅、約20種、約300本が境内中で咲き誇り、毎年、梅まつりには全国から40万人以上が訪れる。

学業成就　合格祈願　商売繁盛　家内安全

江戸時代、富士山信仰で江戸のあちこちの神社に富士塚というミニチュア富士山が造られた。

お寺 東京

酉の市で引いてもらう有難さ

◎おみくじ*

引く気合がすごい法華宗おみくじ

縁起熊手が有名な酉の市を毎年開催する長國寺のおみくじは法華経の文言から占うもの。第一番が「大上吉」なのも特徴だ。何より、酉の市でお坊様に代わりに引いていただけるのは貴重な体験。1回ごとに火打ち石で切り火をし、目の前で激しい気合を込めながら「善星皆来、悪星退散！」と唱え筒を振り出す様子は迫力がある。これだけでも充分ご利益がありそう。インターネットの浅草酉の市サイトでもおみくじが引ける。

願文を唱えながら振り出す

酉《とり》の寺《てら》 鷲在山長國寺《しゅざいさんちょうこくじ》

●東京都台東区千束3-19-6
●http://www.torinoichi.jp（浅草酉の市）
●http://otorisama.jp（鷲在山長國寺）

開運招福　商売繁盛　家内安全　身体健全

1630年の開山以来、「浅草酉の市発祥の寺」として毎年、酉の市を開催。1771年に千葉の本山鷲山寺から鷲妙見大菩薩を迎え祀り、安置されたお堂は、鷲の宮とも呼ばれる。

お寺 東京

誰にでも親しみやすい言葉

◎赤坂不動尊おみくじ

バイリンガルなので勉強にもなりそう！

赤坂不動尊おみくじ

AKASAKAFUDOSON WRITTEN ORACLE

第 1 番　半 吉

○勢いよくて衆人より敬まわれるも慢心すべからず。
○何事もさわりなし、気楽にできる、手おくれせぬよう早くやれ。

○運勢－頂上なり	○Luck－Zenith
○願望－成就	○Wish－Accomplishment
○待人－遅く来る	○Visitor－Be late
○結婚－破れる	○Marriage－Go to the bad
○出産－流産あり	○Childbirth－Have a difficult delivery
○失物－出る	○Lost Article－Return
○病気－長びく	○Sick－Take time
○商業－現状を守れ	○Business－Maintain the status quo
○事業－慎重にやれ	
○勝負－利なし	○Gaming－Lose
○相場－段々下る	○Market price－Fall
○求人－採用しなさい	○Help Wanted－Employ
○数字－1，4，9吉	○Lucky Number－1,4,9,
○方向－西北，南吉	○Direction－Westnorth, South
○試験－合格	○Examination－Success
○旅行－5日ほどのばせ	○Traveling－Defer
○交通－高速の事故注意,札受けよ	○Traffic－Give attention to a traffic accident
○転居－少し待ちなさい	○Removal－ Wait and see
○其他－よろしい	○Rest－Good

○心正しく益々お不動さまを信仰して祈念すべし、段々良くなる。情に欠けている、施をすべし。

赤坂《あかさか》不動尊《ふどうそん》 威徳寺《いとくじ》

●東京都港区赤坂4-1-10

858年御作の御本尊が赤坂の地に1600年に移ってから417年になる。御府内八十八ヶ所霊場の七十五番札所でもあり、街の発展にともないさまざまな層が参拝に訪れている。

願い事全般

都会の真ん中の癒やしスポット

赤坂の街中に位置する、大都会のオアシスのようなお寺。お祀りしている不動明王は、悪を降伏させる仏様だ。災難除けに抜群のご利益を発揮する。柄杓で水をかけて厄を洗い流せる境内の「水かけ不動」も、気分がスッキリするのでストレス解消によい。おみくじは、参拝する場所柄から老若男女国籍問わず、わかりやすい言葉の英文併記。節分会で撒かれる豆袋にも、同じおみくじが入れられ、親しまれている。

*日蓮宗は法華経の功徳を信奉するので、法華宗とも呼ばれる。

神社
東京

江戸情緒あふれる深川の八幡様

戦いの神様がビジネスを応援

江戸下町の心粋を今に伝える神社。3年に一度の本祭りでは、神輿の行列に威勢よく水を浴びせる様子が感動的だ。昔からある「八幡みくじ」は、和歌で占い、ことわざも添える、完全オリジナル。ところで八幡様は、戦いの神。「仕事みくじ」では、事業や就活など現代人の戦いを指南する。「今日から始める勝活」など、具体的な項目が心強い。同封される「江戸勝金像」で景気よくいこう。

◎八幡みくじ

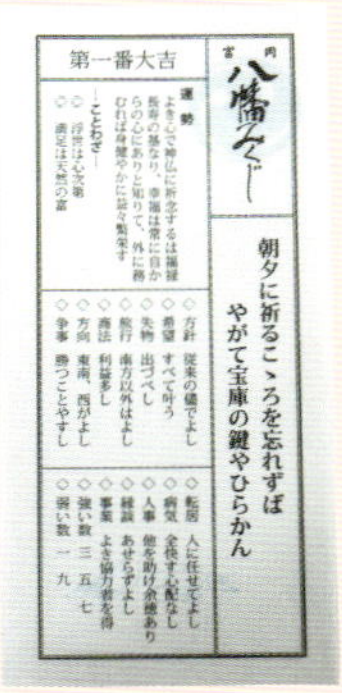

◎仕事みくじ

江戸勝金像が付いている

富岡八幡宮《とみおかはちまんぐう》

● 東京都江東区富岡1-20-3
● http://www.tomiokahachimangu.or.jp

1627年の創建以来、「深川の八幡様」として幕府や朝廷、民衆から信仰を集めてきた。夏の「深川八幡祭り」は江戸三大祭りの一つ。日本一の黄金神輿や横綱力士碑などの見所もあり。

開運厄除

神社
東京

弁天様から恋のアドバイス

◎弁天恋みくじ

とんぼ玉付き

◎縁結びみくじ

天然石付き

池の静寂に包まれ穏やかに恋愛祈願

奥まった場所に弁天様を祀る、富岡八幡宮の境内社。少しわかりづらいが、根気よく探そう。恋の願いは、人知れずかけたほうがよいのだから。弁天様は水の女神なので、池の真ん中にあり、橋を渡って参拝する。おみくじは2種類。どちらも恋愛の行動力を引き出してくれる具体的なアドバイスが魅力だ。「弁天恋みくじ」にはとんぼ玉、「縁結びみくじ」には天然石のストラップが付く。

富岡八幡宮《とみおかはちまんぐう》 七渡神社《ななわたりじんじゃ》

● 東京都江東区富岡1-20-3
● http://www.tomiokahachimangu.or.jp

開運厄除

富岡八幡宮の境内には17社の末社が鎮座し、その一つが七渡神社。小さな社殿が池の真ん中にある。御祭神の市杵島姫命は、弁天様として親しまれている。

神社
東京

縁結び夫婦《めおと》狛犬《こまいぬ》、波乱の経歴

◎夫婦狛犬みくじ

袋の中身は
恋のおみくじ

先代狛犬の
一発逆転劇に希望を

境内の片隅に、かつて忘れ去られた狛犬があった。狛犬が新調されると、古いほうが辿る運命。これを狛犬マニアの間では「先代」と呼ぶ。だが、喜ばしいことに、浅草神社の先代は「夫婦狛犬」として日の目を見た。江戸初期の素朴な造形が味わい深く、相合傘まで添えられ幸せそう。ラブラブ短歌の「夫婦狛犬みくじ」は波乱を乗り越えた狛犬から、人生に勇気と希望を与えられるおみくじである。

浅草神社《あさくさじんじゃ》
- 東京都台東区浅草2-3-1
- http://www.asakusajinja.jp

商売繁盛　家内安全

下町浅草の総鎮守。社殿は350年前に徳川家光公により寄進されたもので、重要文化財に指定されている。5月には全国的に有名な三社祭が催され、約150万人が訪れる。

神社
東京

どこまでもお狐様だらけ

◎狐みくじ

しっぽ一つに
運勢が一つ

集めて楽しく
結んでもきれい

出世と芸事に強い稲荷神社。「狐みくじ」を開くと、折り畳まれたたくさんのしっぽが連なる黄色い狐が登場。しっぽ一つにつき運勢1項目ずつ、各々ひと言だけのシンプルな内容だ。結ぶときは、専用のこよりを使う。ぎっしり結ばれた様子は、狐の群れのようでもあり、遠くから見れば稲穂の束をも思わせる。包み紙の裏には8種類のお稲荷様豆知識が書かれ、イラストも素敵で集めてみたくなる。

被官稲荷神社《ひかんいなりじんじゃ》
- 東京都台東区浅草2-3-1
- http://www.asakusajinja.jp

伏見稲荷大社から祭神御分身を勧請し、浅草神社の末社としてその境内に祀られている。先の関東大震災、東京大空襲で奇跡的に焼け残った社殿は、杉皮葺の貴重な建物。

商売繁昌　家内安全

狛犬ほか寺社のペア動物像は、片方が口を開け（阿）、片方は閉じている（吽）ことが多い。

神社 東京

室町時代の歌占を体験

◎天祖神社歌占

和歌の力に触れ 守り神と出会う

和歌のおみくじのルーツ「歌占」は、室町時代には弓の弦に吊るした短冊を引く形だった。これを当時のまま復刻。引く前に決められた呪文の和歌を唱えれば、自然と心が落ち着く。短冊には、16柱の神様いずれかの名前が。引いた神様と縁深い和歌に解説とメッセージを付した、おみくじがいただける。吉凶はない。占うと同時に、神様からの祝福を受け取れる幸福感が魅力だ。お守り付きのおみくじもある。

ときわ台《だい》天祖《てんそ》神社《じんじゃ》

●東京都板橋区南常盤台2-4-3
●http://www.tokiwadai-tenso.or.jp

厄除　家内安全　商売繁盛　病気平癒

伊勢神宮の内宮「天照大神」、外宮「豊受姫命」、近江国日枝神社の祭神で徳川家の産土神でもあった「大山咋命」の三神をお祀り。都内にありながら深い杜に包まれた神社。

お寺 神奈川

ここだけの当たり付き

◎幸福おみくじ

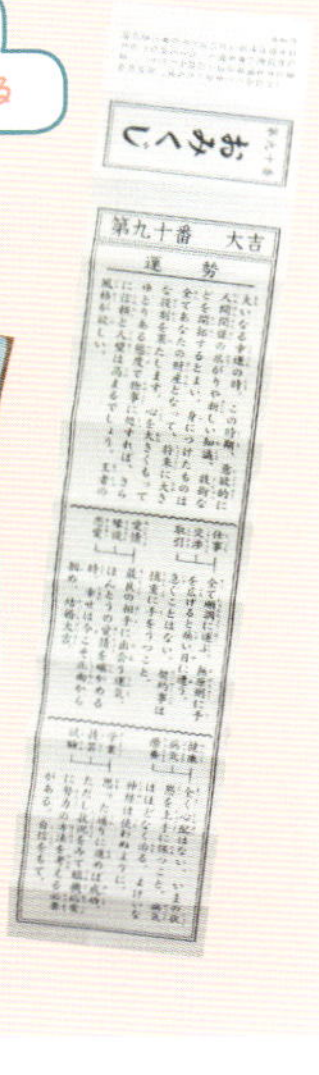

大雄山《だいゆうざん》最乗寺《さいじょうじ》

●神奈川県南足柄市大雄町1157
●http://www.daiyuuzan.or.jp

明神ヶ岳の中腹に1394年に開かれた。道了尊とも呼ばれる。天狗にゆかりがあることから境内には大小の鉄下駄があり、ハイキング時の立ち寄りスポットとしても人気。

諸願成就　家内安全　商売繁盛

運がよければ レアな天狗グッズも

山深く鬱蒼とした杉木立に背筋が伸びる、道了尊（どうりょうそん）と呼ばれる天狗のお寺。世界一の巨大鉄下駄は必見。また、禅寺の男社会の困難にも負けず生き抜いたパワフルな慧春尼（えしゅんに）様のお堂は、女性の信仰を集める。「幸福おみくじ」には、通常の小さな縁起物に加え、運がよければ当たりの紙が。景品は、純金の天狗葉、純銀の天狗葉、天狗葉の携帯ストラップ、と豪華。お寺の総受付で交換してもらえる。

日本古来の山岳信仰と仏教を合わせたのが修験道で、山で修行をする。

神社
神奈川

凶を出すと励ましてくれる

◎おみくじ*

縁起直しのお守り

凶がむしろうれしい スペシャルお守り

凶を引くと、縁起直しに「禍転為福」(わざわいてんじてふくとなす)のお守りがいただける。明るい気持ちで神社を後にしてほしいという粋な気づかいから生まれた、凶で励まされるおみくじの先駆けだ。わざわざ狙う人も後を絶たない。だけど、それなら大吉だとがっかり?いやいや、そんな心配は無用で、大吉にはさりげなく小さな福神像が付いている。細かいところに光る思いやり精神に、心が和む。

師岡熊野神社《もろおかくまのじんじゃ》

●神奈川県横浜市港北区師岡町1137
●http://www.kumanojinja.or.jp/

和歌山県熊野三山の祭神と御一体であり、創建1290有余年を迎える県内指折りの古社。八咫烏が神紋の御守は勝利を導く神威があるとされ、スポーツ関係者に人気を博す。

もの生み　安産　子育て　諸願成就

お寺
神奈川

大師の功徳で吉となる

◎霊場川崎大師おみくじ

漢文の大意が記載されている

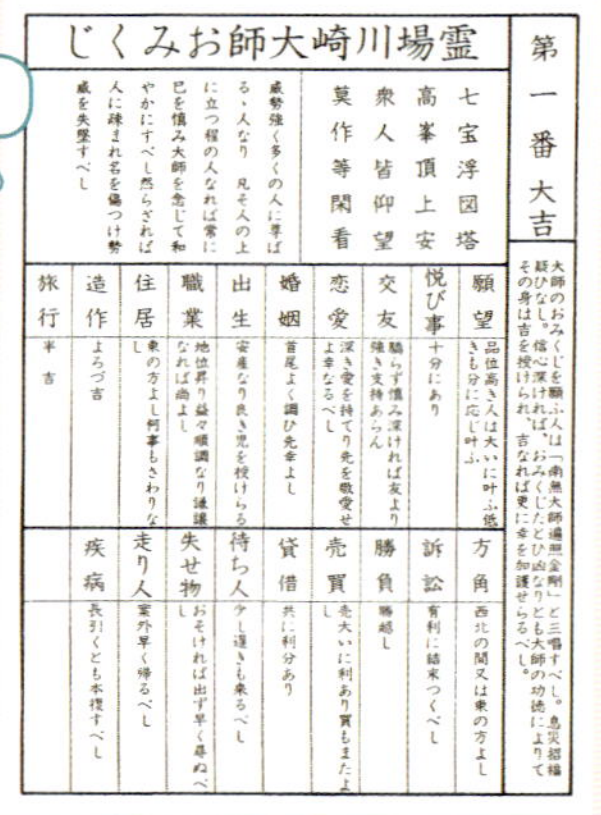
霊場川崎大師おみくじ

第一番 大吉

七宝浮図塔
高峯頂上安
衆人皆仰望
莫作等閑看

威勢強く多くの人に尊ばる、人なり　凡そ人の上に立つ程の人なれば常に己を慎み大師を念じて和やかにすべし然らざれば人に疎まれ名を傷つけ勢威を失墜すべし

大師のおみくじを願ふ人は「南無大師遍照金剛」と三唱すべし。息災招福疑ひなし。信心深ければ、おみくじたとひ凶なりとも大師の功徳によりてその身は吉を授けられ、吉なれば更に幸を加護せらるべし。

願望	品位高き人は大いに叶ふ低きも分に応じ叶ふ
悦び事	十分にあり
交友	驕らず慎み深ければ友より強き支持あらん
恋愛	深き愛を持てり先を敬愛せよ幸なるべし
婚姻	首尾よく調ひ先幸よし
出生	安産なり良き児を授けらる
職業	地位昇り益々順調なり謙譲なれば尚よし
住居	東の方よし何事もさわりなし
造作	よろづ吉
旅行	半吉
方角	西北の間又は東の方よし
訴訟	有利に結末つくべし
勝負	勝越し
売買	売大いに利あり買もまたよし
貸借	共に利分あり
待ち人	少し遅きも来るべし
失せ物	おそければ出ず早く尋ぬべし
走り人	案外早く帰るべし
疾病	長引くとも本復すべし

元三大師百籤に順じたおみくじ

毎年約300万人という初詣参拝者が訪れるお寺。元三大師百籤に順じたすべてのおみくじには、「大師のおみくじを願ふ人は『南無大師遍照金剛』と三唱すべし。息災招福疑ひなし。信心深ければ、おみくじたとひ凶なりとも大師の功徳によりてその身は吉を授けられ、吉なれば更に幸を加護せらるべし」の文言がある。厄除祈願とともに、由緒あるおみくじに人生のお言葉をいただきに詣りたい。

大本山川崎大師平間寺《だいはんざんかわさきだいしへいけんじ》

●神奈川県川崎市川崎区大師町4-48
●http://www.kawasakidaishi.com/

災厄消除　家内安全　商売繁昌　健康長寿

真言宗智山派の寺院で関東三大本山の一つ。古くから「厄除けのお大師さま」として親しまれ、毎日、護摩祈祷を修行している。御本尊は、弘法大師空海上人の御尊像。

弘法大師空海上人は真言宗の開祖。中国留学し、通常20年とされる学問を約2年で習得した。

神社
神奈川

吉凶よりも内容を読みたい

◎おみくじ*

二宮翁の道歌とイラスト付き

勤勉の手本、二宮金次郎さん（二宮尊徳翁）をお祀りする報徳二宮神社では、おみくじの内容も二宮金次郎さんにちなんだものとなっている。二つ折りにしてある表面には吉凶ごとに違った表情の金治郎さん、中面にはおみくじの解説と一緒に金治郎さんの詠んだ歌が書かれている。また、悩みごとを記しておみくじ専用のお祓い箱に納めれば、お祓いをしていただける。

イラストは３種類ある

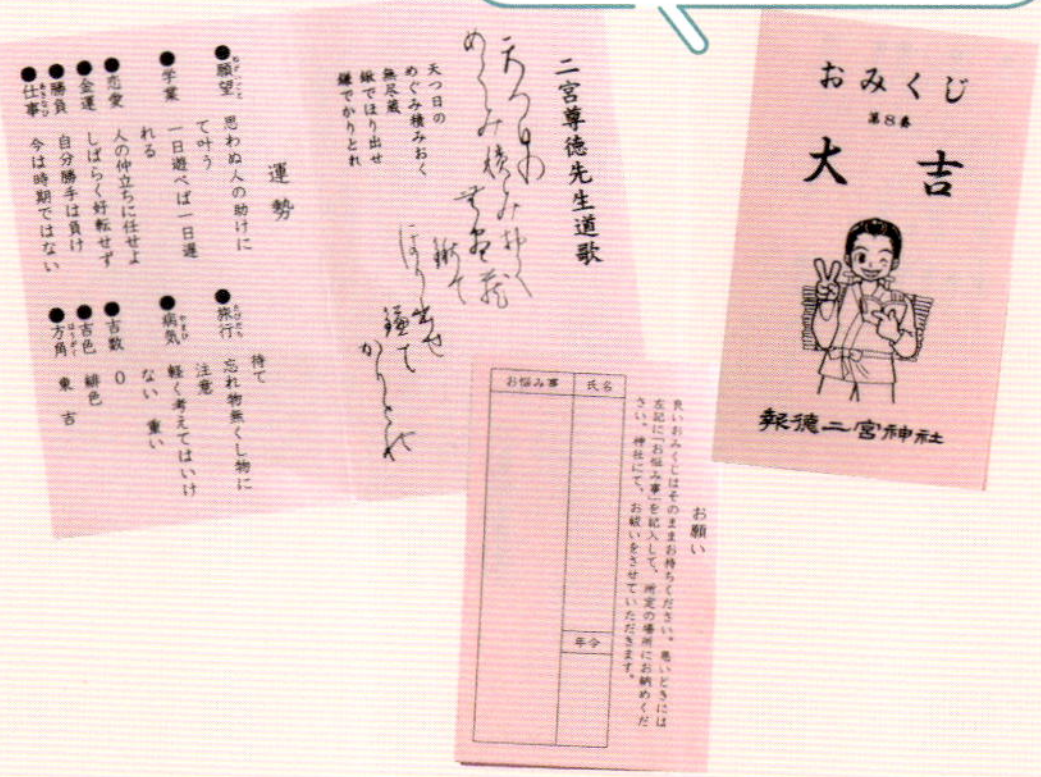

報徳二宮神社《ほうとくにのみやじんじゃ》
●神奈川県小田原市城内8-10

財政再建　農業振興

1894年、二宮尊徳翁を慕う６カ国の報徳社の総意により、翁を御祭神として小田原城の一角に創建された。近くには翁の思想と功績を伝える報徳博物館がある。

お寺
山梨

知《ち》恩《おん》報《ほう》恩《おん》の生き方に資する

◎育恩のおみくじ

日蓮聖人の教えが記載されている！

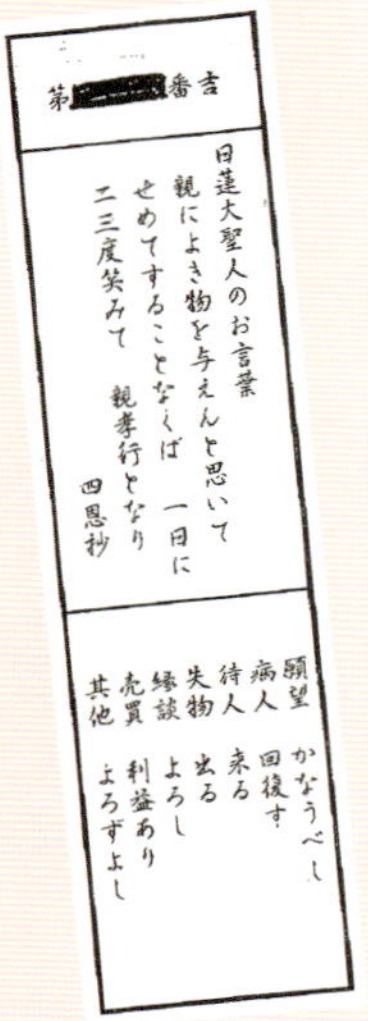

身延山奥之院思親閣《みのぶさんおくのいんししんかく》
●山梨県南巨摩郡身延町身延4223

鎌倉時代、日蓮聖人が９年にわたり法華経の読誦と門弟たちの教導に終始した身延山久遠寺。その山頂に思親大孝の霊場、奥之院思親閣がある。

家内安全・学業成就等の諸祈願　卒塔婆《そとば》供養

標高1,153mの地で心を洗うおみくじ

「いずくにて死に候とも墓をば身延の沢にせさせ候べく候」というご遺言のとおり、そのご遺骨は身延山に奉ぜられた日蓮聖人。「育恩のおみくじ」には、その日蓮聖人の教えが記されている。恩を受けていることを知り、その恩に報いるという「知恩報恩」の生き方を理解したうえで授かれば、おみくじのありがたみが増す。なお、身延山山頂（標高は1,153m）にあるお寺へはロープウェイで行くことができる。

二宮尊徳は、厳しい境遇から細かな努力を積み上げ、財政再建の達人になった。

神社
静岡

天狗気分で投げて爽快

◎天狗皿投げみくじ

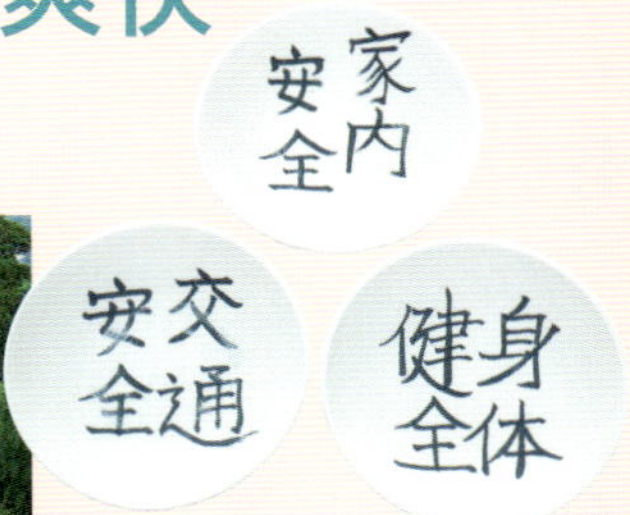

天狗たちの密かな努力を思い知る

この山にはかつて防火の神様の使いとして天狗が棲んでいると言われた。「天狗皿投げみくじ」では、天狗たちが行ったという、皿を自在に飛ばす修行を体験。願望を書いた皿を投げ、的に入れば叶う。恐ろしいほどの難易度の高さだが、がっかりすることはない。的に近いほど成就が近く、遠ければまだまだ努力が必要という意味だ。山上から臨む絶景に向かって投げる爽快感とともに、目標への前向きな想いを固めよう。

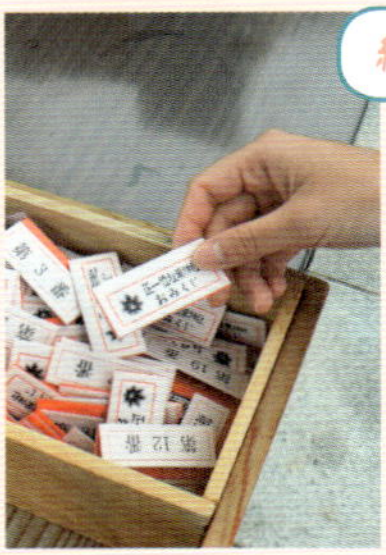

紙のおみくじも付いてくる

秋《あき》葉《は》山《さん》本《ほん》宮《ぐう》秋《あき》葉《は》神《じん》社《じゃ》

●静岡県浜松市天竜区春野町領家841
●http://www.akihasanhongu.jp

全国の秋葉神社の総本宮で、御祭神は火之迦具土大神。文化科学の生みの親として畏敬され崇められた。平安から江戸時代までの日本刀が揃い、12月の火まつりも有名。

火災消除　家内安全　社運隆昌　厄除開運

神社
三重

女性の願いを叶えてくれる

◎石神さんの恋みくじ

ラッキーワードも記載されている！

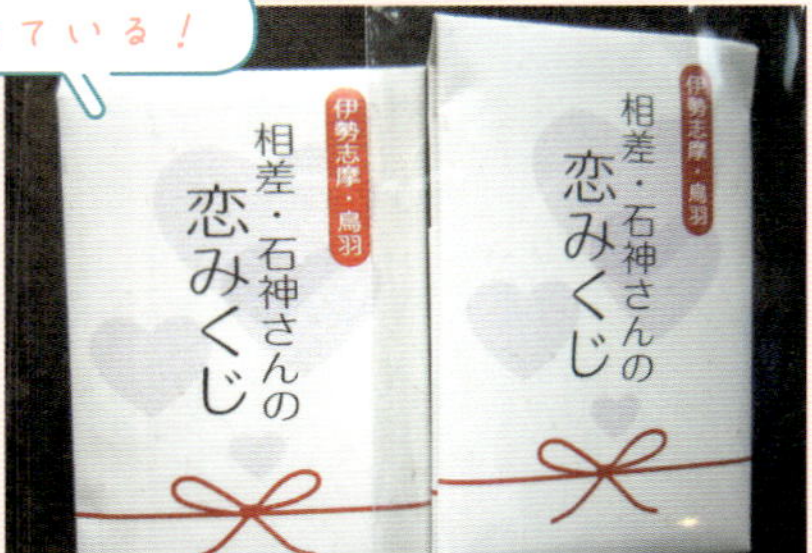

神明神社《しんめいじんじゃ》

●三重県鳥羽市相差町1385

女性の願い一つ

神明八幡宮として造営され、1908年に境内諸社および千賀神社・堅子神社、その後に畔蛸神社を合祀。末社・石神社（石神さん）は、女性の願いなら一つだけ叶えてくれる。

源氏物語に登場する女性のエピソード

石神さんと親しまれている当神社の「石神さんの恋みくじ」は、絶好期、停滞期に関わらず女性を応援してくれる内容。吉凶と運勢は源氏物語に登場するさまざまな女性のエピソードにちなんだもので、石神さんからのメッセージを源氏物語の姫君が代弁するユニークな内容となっている。女性の願いなら一つ叶えてくれるとされ、女性参拝者の行列の絶えない神社。財布の中に入れてお守りとして持ち歩くのもよい。

天狗は山の神、あるいは修行で超人的な力を得た山伏の姿であるとも言われる。

神社 滋賀

今年の守り神に出会える
◎御祭神みくじ

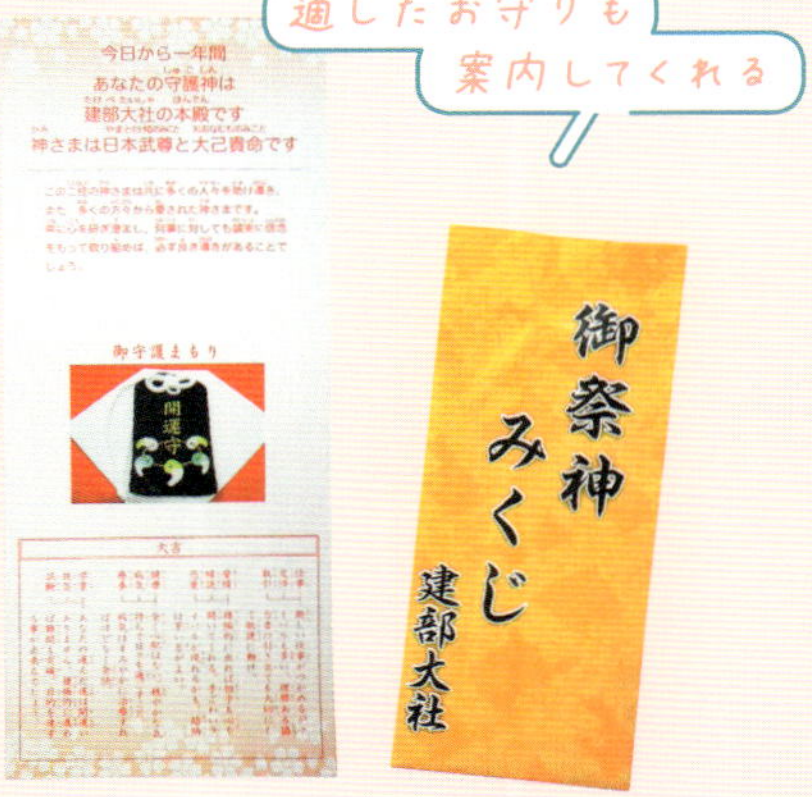

境内社の神々と
ご縁を結んで開運

瀬田の唐橋にほど近い近江国一之宮の広い境内には、日本武尊（ヤマトタケルノミコト）のほかにも多くの神々が鎮まる。そんな中から、一年間あなたを見守ってくれる神様を教えてくれるのが、「御祭神みくじ」。神々とご縁を結ぶためのおみくじなので、凶はない。出てきた神様を参拝し、そのご利益に合うお守りを授かろう。今の自分に大切な言葉の木札も付くので、あわせて胸に刻みたい。

適したお守りも案内してくれる

近江国一之宮 建部大社（おおみのくにいちのみや たけべたいしゃ）
●滋賀県大津市神領1-16-1
●http://takebetaisha.jp
開運厄除　縁結び

記紀神話の英雄である日本武尊を祀る近江国一之宮。日本で最初の千円札に日本武尊と建部大社が描かれた。石に願掛けする「願い石」も有名。

神社 京都

自分の力で大吉を狙える
◎樽うらない

参拝者自身が弓で矢を放つ

松尾大社（まつのおたいしゃ）
●京都府京都市西京区嵐山宮町3
家内安全　病気平癒

京都最古の神社で、社殿は701年に創建。現在のものは千木・鰹木を置かず、箱棟の両端が唐破風形の屋根で、松尾造りと称せられる。松風苑三庭、霊亀の滝など見所も多い。

的の真ん中に
キメれば爽快

古代より酒造の神様として有名。酒好きなら一度は訪れておきたい。「樽うらない」では、酒樽の的に弓矢で射かけ神意を問う。松尾大社の神様は、鏑矢に姿を変えるとも言い伝えられている。矢を手に取り酒樽を狙うのは、その精神集中に伴い、神様と一体になれる瞬間なのだ。真ん中に当たれば大吉、樽に入れば当たり、外しても「残り福」と、結果に応じたお守りがいただける。コツは腹式呼吸と背筋の連動だ。

神社
京都

男女別の装束で縁結び

◎縁結びみくじ

平安貴族も訪れた神々の住まう森

2本の川に挟まれた原生林「糺の森(ただすのもり)」は、全体が下鴨神社境内。この中に、縁結びの相生社はある。2本の榊が合体した不思議なご神木が強烈だ。ここで引ける「縁結びみくじ」は、女性用が袿(うちぎ)、男性用が束帯をイメージしたデザイン。番号が源氏物語の各帖に対応し、その帖に登場する和歌を使って占う。源氏物語によく登場する下鴨神社。当時の貴族たちも、ここに想いを託したに違いない。

男女でおみくじが異なる(女性用)

賀茂御祖神社《かもみおやじんじゃ》(下鴨神社)
●京都府京都市左京区下鴨泉川町59
●http://www.shimogamo-jinja.or.jp
勝利　事始め　男性・女性守護

京都最古のお社の一つで、境内の糺の森は国史跡に指定されている。御祭神である賀茂建角身命と玉依媛命をお祀りする本殿は国宝。下鴨神社という通称で親しまれる。

お寺
京都

温かみのある手書き文字

◎おみくじ*

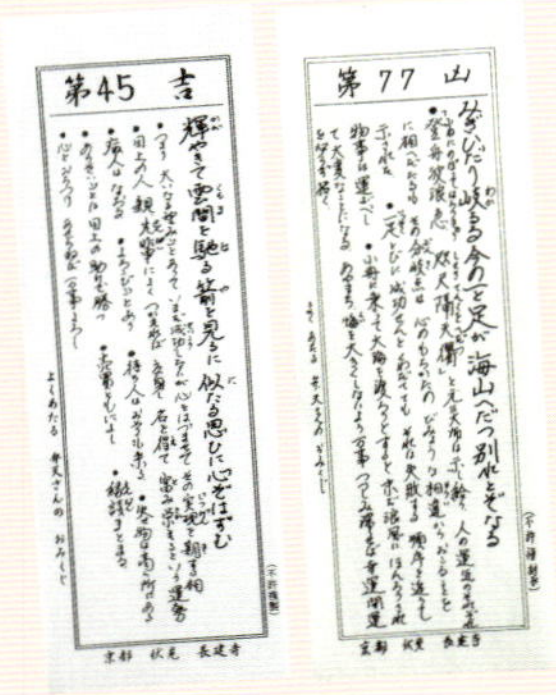

2つのタイプがある

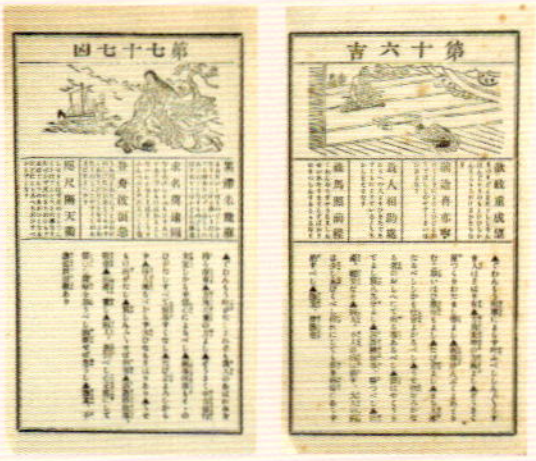

お寺のおみくじを親しみやすく

昔ながらの酒蔵が立ち並ぶ伏見の水運を支えてきた濠川では、今も江戸時代の姿の十石船に乗ることができる。この川沿いで目を引くのが、元々インドの川の神だった弁財天を祀る長建寺。おみくじを引くと、手書きをそのまま印刷したおおらかさに心が和む。実はこの和歌、内容が元三大師百籤の漢詩と同じ。お堅い漢詩をわかりやすい言葉に直すという気配りなのだ。

辨財天長建寺《べんざいてんちょうけんじ》
●京都府京都市伏見区東柳町511
現世利益

桜をはじめ四季折々の花が美しく、おみくじや「宝貝」というお守りでも知られるお寺。1699年に創建され、本尊は弁財天。「島の弁天さん」と親しまれている。

弁財天という女神には琵琶を弾く姿と、8本の手にさまざまな道具を持つ姿がある。

2章 ベーシックおみくじ

神社 京都

明治初期の和歌おみくじ
◎おみくじ*

八百万の神々が勢ぞろいの吉田山

平安時代から都の鬼門（鬼が出入りするという北東の方角）を守ってきた古社で、古式ゆかしい節分祭も有名。室町時代創建の大元宮（末社）は八百万の神々を祀る。魔除けのクチナシ色が上品なおみくじは、明治初期に国学を活かして作られた内容を用いる。神仏分離の気運とともに当時作られた和歌のおみくじの中でも早い時期のもので、珍しい吉凶としては「半吉」があり、凶はなし。「だるまみくじ」も人気だ。

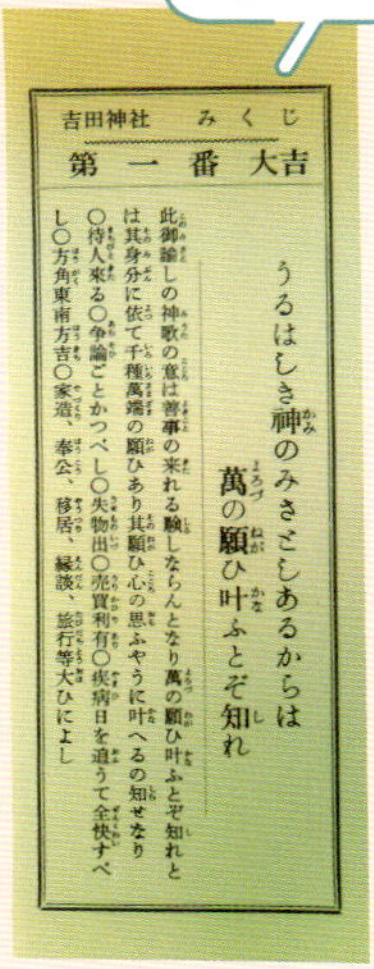

> 魔除けの力があるクチナシ色

吉田神社
- 京都府京都市左京区吉田神楽岡町30
- http://www.yoshidajinja.com

859年、平安京の守護神として創建された、導き厄除け開運の神様として崇敬が篤い神社。境内には全国の神々を祀る大元宮、料理やお菓子などの神様を祀るお社がある。

厄除　開運

神社 京都

名水で神功皇后の鮎占い
◎水占い

> 水に浸けると文字が浮き上がる

御香宮神社
- 京都府京都市伏見区御香宮門前町174

盆地であることから地下水が豊富な同地。平安時代に境内に香りのよい水が湧き出たことから時の天皇より「御香宮」の名を賜る。環境省名水百選に認定されている。

安産祈願

> お告げを鎖えた神様は、乾いて水分がなくなると、消えていきますが、水を塗ると、再びお告げをさずかります。

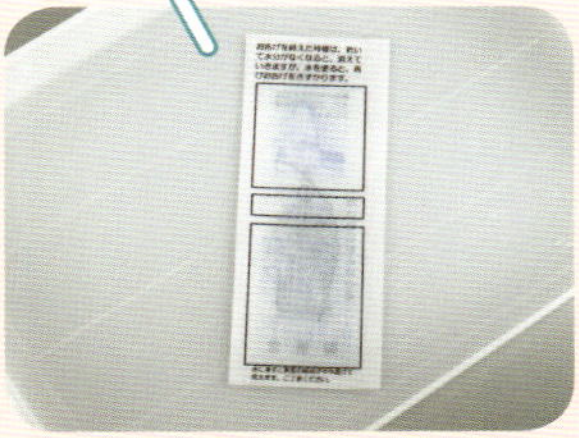

酒造の町・伏見のおいしい水

境内から湧き出る口当たりやわらかな御香水は、今でも自由に飲むことができる。おみくじは、御祭神の神功皇后が行った鮎占いをモチーフとする「水占い」。鮎占いは、魚が釣れるかで物事の成否を占った。このおみくじは、水に浸けると読めるもので、神功皇后の御姿が現れ、「〇吉」と、今の状況全般へのメッセージを授ける。なお、お告げが主なので、凶はない。

061　●神功皇后は、日本書紀に出てくる女帝で、妊娠したまま戦いに挑んだことから安産の神様に。

神社
京都

水の神様のお告げはいかに?

◎みずうらみくじ

水に浸けたら…

先見の明が光る 最老舗かつ最先端

京都を潤す鴨川の源流、清らかな貴船川に沿って建つ神社。この水の神様は、和泉式部にお告げをしたとの逸話を持つ。水に浸けると読めるおみくじの登場は、おそらくここが最も早い。そして、このようないわれの場所だからこそ、大変ふさわしい。さらに近年QRコードが付き、4ヵ国語訳と音声読み上げにアクセスできるようになった。IT技術にグローバル化と、常に時代の最先端なのだ。

貴船神社《きふねじんじゃ》

- 京都府京都市左京区鞍馬貴船町180
- http://kifunejinja.jp

諸願成就　運気隆昌　縁結び

社伝によると創建は677年と極めて古く、気力が生じる根源の地として「氣生根」と呼ばれていた時代もある。今も「運氣龍昇」の神に願いごとをする参詣者が後を絶たない。

お寺
京都

スピリチュアルな教訓

◎おみくじ＊

半吉もある！

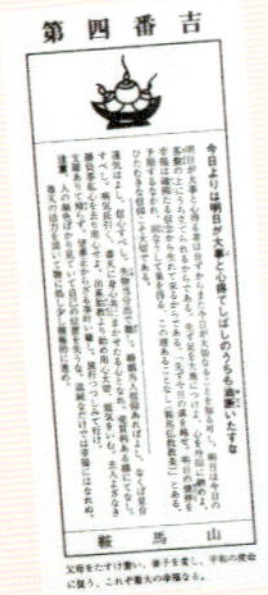

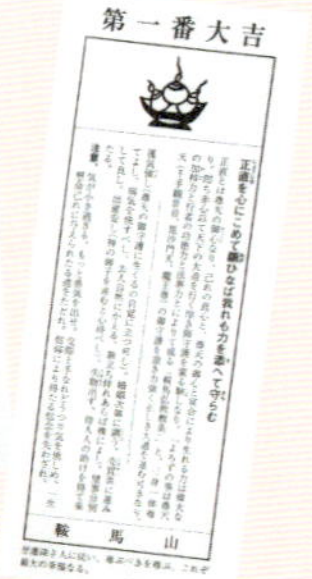

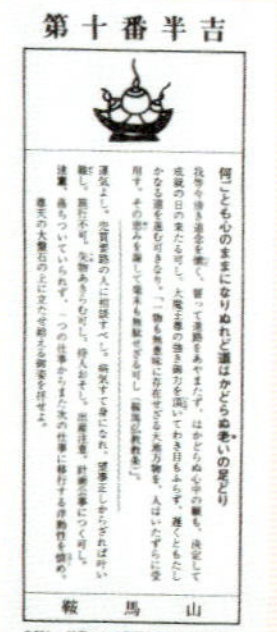

古くて新しい 精神世界の聖地

源義経が天狗のもとで修行した場所として名高い、霊気みなぎる鞍馬山。近代に入って鞍馬山の多様な信仰を鞍馬弘教としてまとめ、古の聖地に新たな生命が吹き込まれた。毘沙門天と千手観音と、金星からやってきたとも言われる護法魔王尊を祀る。そんな神秘的な教えは、願いの叶う玉「宝珠」をデザインした和歌のおみくじにも活かされている。日々の指針とすることで、お山の清らかなパワーを心に持ち帰ろう。

鞍馬寺《くらまでら》

- 京都府京都市左京区鞍馬本町1074
- http://www.kuramadera.or.jp

開運招福　身心無病　家業繁栄　降魔必勝

770年、毘沙門天を御本尊として奉安したのが始まりとされる。山頂の本殿へはケーブルで行くことができ、鞍馬山博物館、木の根道、奥の院魔王殿など見所も多い。

絵馬は、生きた馬を水の神に捧げていた習俗を、絵に描いた馬に簡略化したのが最初。

神社 京都

雅な源氏物語の和歌

◎紫野 和歌姫みくじ

女性の出世祈願「玉の輿」にご利益

西陣は、「玉の輿」の語源となった、「お玉さん」の地元。彼女は八百屋の娘だったと言われる。そのころから今宮神社への信心が篤かったとか。大奥に入り、権謀術数が渦巻く中を才知と努力で徳川綱吉の生母となり最高位にまで昇り詰めた。「紫野 和歌姫みくじ」には、源氏物語に登場する和歌が。時代を超えて愛され、江戸期の印刷技術でさらに普及した源氏物語は、お玉さんにも読まれていたかもしれない。

美しいデザインの栞タイプ

今宮神社《いまみやじんじゃ》

● 京都府京都市北区紫野今宮町21
● http://www.imamiyajinja.org

平安以前より疫神を祀る社があったとされ、新たな社として「今宮」ができた。鎮疫、健康長寿、近年は開運良縁として崇敬を集める。境内に健康の回復を早める奇石がある。

健康長寿　開運良縁

神社 京都

5種類の縁起物を授かる

◎宝みくじ

幸せを招く お守り入り

北野天満宮《きたのてんまんぐう》

● 京都府京都市上京区馬喰町
● http://www.kitanotenmangu.or.jp

御祭神・菅原道真公をお祀りした全国の天満宮・天神社の総本社。「北野の天神さん」、「北野さん」と呼ばれ親しまれる。三光社と呼ばれる伝説の門（中門）の壮麗な造りが見事。

学業成就

北野天満宮にゆかりのものも

菅原道真公をはじめて神様「北野天満天神」としてお祀りした北野天満宮。当神社の「宝みくじ」は、的（合格祈願）、大黒様（金運）、鶴（飛躍）、亀（長寿）、丑（諸願成就）の縁起物５種から、どれかを授かる。中でも牛（丑）は、天神様のお使いだからオールマイティである。大黒様も縁が深く、境内の「大黒天の燈籠」では、大黒様の口に小石を載せて「落ちない」かという運試しができる。ぜひ探してみよう。

文化施設
京都

芭蕉の俳句で風流に占う

◎俳句みくじ

竹の筒から振り出す!

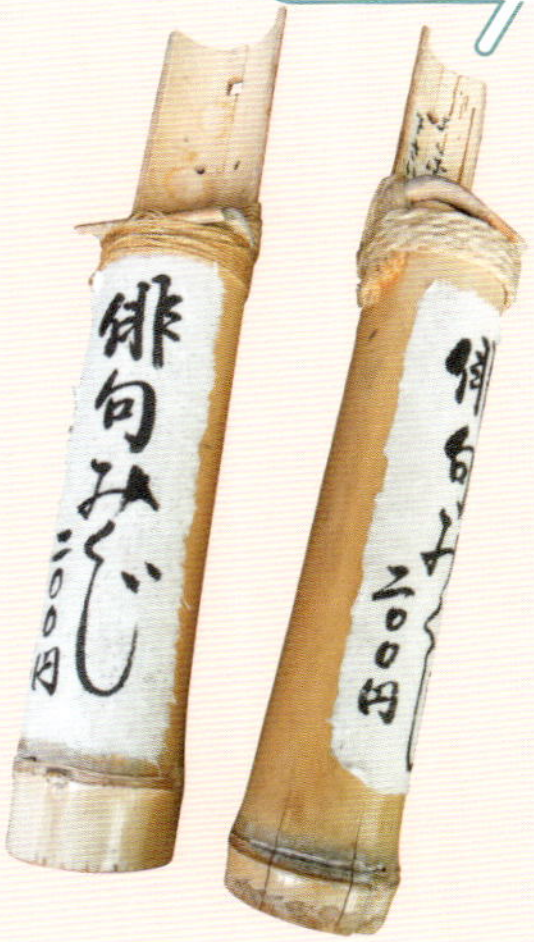

ここで一句!?
気分は文化人

俳句を大成した松尾芭蕉の高弟、向井去来(きょらい)の草庵で俳諧道場と呼ばれた場所。竹林の多い嵯峨野にあって、茅葺きの素朴な建物が趣深い。芭蕉自身も、ここを3度訪れた。風情ある竹の筒から振り出す「俳句みくじ」は、芭蕉の俳句と、カラフルな絵伝から選んだ挿絵に、句のイメージに応じて大吉、吉、半吉、末吉、半凶のランクを付す。裏には英語の解説もある。知識ゼロでも俳句に親しめる、粋な計らいだ。

落柿舎《らくししゃ》

●京都府京都市右京区
嵯峨小倉山緋明神町20

●http://www.rakushisha.jp

松尾芭蕉の門人・向井去来の草庵だったこともあり、俳諧の道場とされ、全国から人々が訪れ俳句を残している。芭蕉をはじめ、著名な俳人の句が刻まれた石碑が敷地内に点在。

神社
京都

獅子舞ロボット発祥の地

◎からくりみくじ

獅子が踊って
おみくじを運ぶ!

錦天満宮《にしきてんまんぐう》

●京都府京都市中京区
新京極通り四条上る中之町537

●http://nishikitenmangu.or.jp

進学　商売繁盛

平安時代前期、菅原道真公の生家「菅原院」に創建。豊臣秀吉の都市計画によって、「金蓮寺」の敷地に移転。繁華街のど真ん中でありながら、四季折々の花を楽しめる。

宮司さんの
開発者魂に触れる

若者の街、新京極通りの中心にある天神様。左右の建物に突き刺さる鳥居が有名だが、動かせないほど大切にされてきた証だ。実はここ、今でこそ時折見かける、踊りながらおみくじをくわえて運ぶ獅子舞の元祖。元技術者の宮司さんが、苦労の末に発明した。そのお膝元だけに高機能で、おみくじ6種類をボタンで選べる。同じく宮司さんの手になる、神社の由緒を紹介する紙芝居ロボットにも注目だ。

狛犬は古くは角がないのを獅子、角があるのを狛犬と言い、これらをあわせて一対としていた。

お寺 京都

愛欲の仏様が愛について語る

◎愛染さんからの一言おみくじ

かわいい巾着の中身は…!?

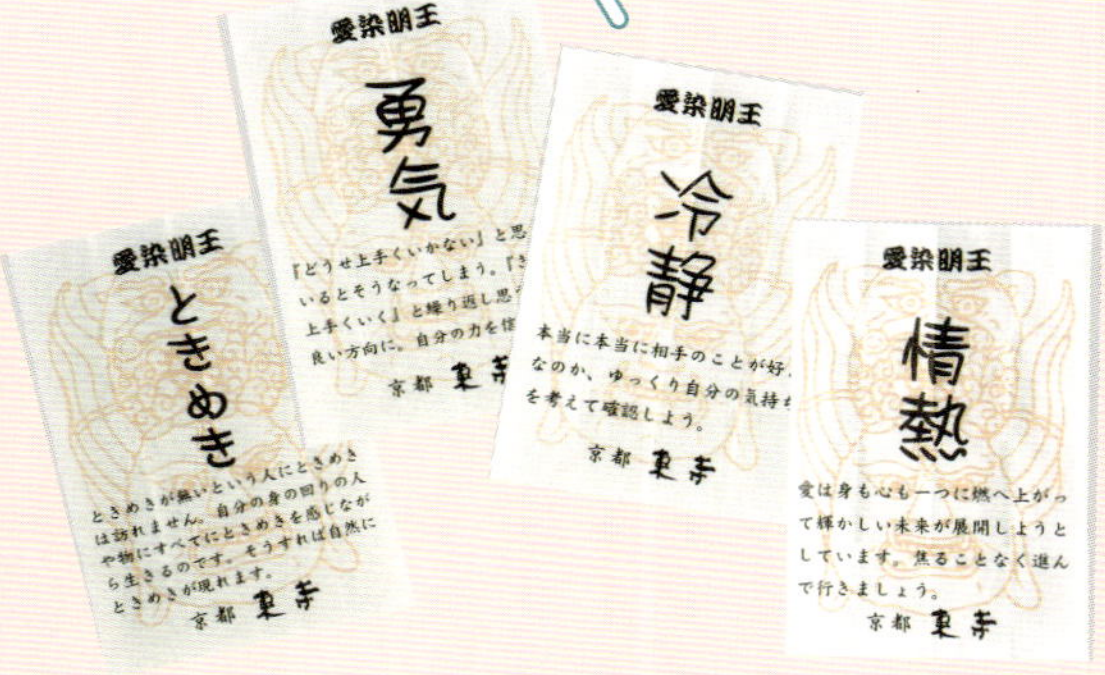

空海プロデュース 曼荼羅《まんだら》ワールド

空海がもたらした神秘思想的な仏教「真言密教」の世界観を反映する東寺。特に21体もの仏像から成る講堂の立体曼荼羅は圧巻だ。塔頭の観智院の愛染明王様には、愛欲の仏様という性格が親しみやすいからか、おみくじがある。その名も「愛染さんからの一言おみくじ」。吉凶なしで、今の自分に必要なキーワードと、日々の開運に役立つメッセージが胸に染みる。ミニ巾着に入っているので絵柄で選んでみては。

東寺《とうじ》
- 京都府京都市南区九条町1
- http://www.toji.or.jp

学業成就　病気平癒

平安遷都とともに建立された官寺（国立の寺院）で、弘法大師空海により日本初の密教寺院となる。1994年、世界遺産登録。境内の五重塔は京都のシンボルでもある。

お寺 京都

温かく力強いメッセージ

◎小指みくじ

小指で描かれた指詩（ゆびことば）

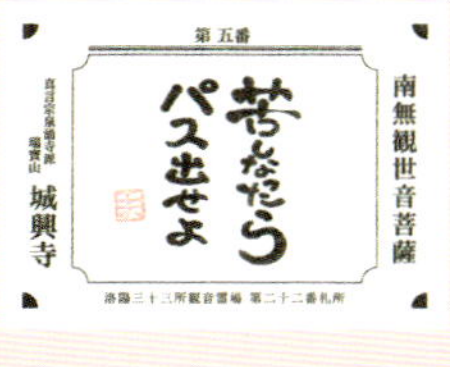

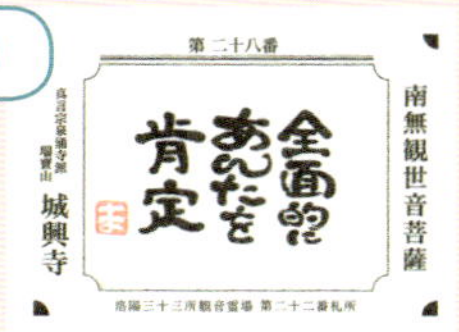

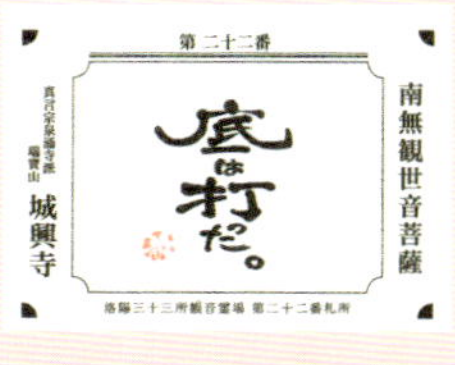

悩める人生を支える励ましの言葉

長い間忘れ去られていた江戸時代のおみくじ筒が、現代ならではのおみくじ「小指みくじ」としてよみがえった。「参拝者に元気を」と十数年前に始められたのは、悩みを抱えた友人を支えるために指詩家となった西川雅巳氏による、小指だけで励ましの言葉を書いた作品のおみくじ。吉凶はなく、「底は打った」、「苦しなったらパス出せよ」、「全面的にあんたを肯定」といった、そっと語りかけるようなメッセージが温かい。

城興寺《じょうこうじ》
- 京都府京都市南区東九条烏丸町7-1
- http://www.kyoto-jyokoji.jp/index.htm

招福　開運厄除　家内安全　商売繁盛

藤原道長の孫の藤原信長（1023〜1094年）が、邸内に丈六佛を安置する九条堂を建て、城興院と名付けたのが始まり。1113年に寺院が建立され、城興寺となった。

愛染明王は、顔は怖いが、キューピットのように弓矢を持った愛欲の仏様。

お寺 京都

扇の的で心に目標を定める

◎祈願シール付おみくじ

手と心を清めて 与一にあやかろう

手洗い場で
扇形紙石鹸で清める

源平合戦で扇の的を見事射止めた那須与一のお墓があり、願いごとを書いた扇が奉納される。これにちなんだ「与一の手洗い場」の通称ガチャガチャみくじは、祈願シールと扇形の紙石鹸付き。これで手を洗えば、お清めと同時に自然と合掌することになり、願掛けに。祈願シールは持ち帰る。身近に貼って、このとき願った気持ちを思い出し、励みにしよう。なお珍しく大凶も入っている。

即成院《そくじょういん》

● 京都府京都市東山区泉涌寺山内町28
● http://www.negaigamatoe.com/

厄除　開運　大願成就　上場祈願

平等院を築いた藤原頼通公の第3子・橘俊綱が祈願主。多数ある仏像の半数が平安時代より修復の手を一切いれておらず、極楽浄土を奏でる仏像のオーケストラと称される。

神社 京都

おみくじの桜を咲かせよう

◎桜みくじ(はなみくじ)

おみくじを結んだ
光景はまさに桜

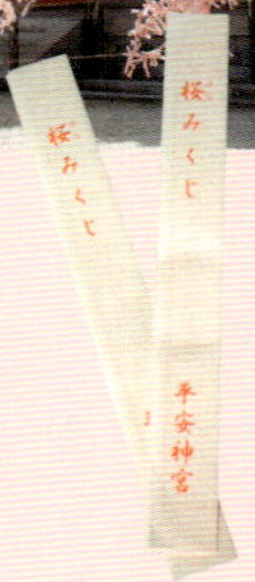

吉凶ではなく 桜の咲き具合

桜の名所である平安神宮には、同時におみくじの花も咲く。シーズン限定の「桜みくじ(はなみくじ)」は、桜色の紙に、「三分咲き」、「満開」など桜の咲きごろで運勢を記す。普通の吉凶と違い、一番下のはずの「つぼみ」が案外喜ばれているのは微笑ましい。また、添えられたことわざで会話も花開くことだろう。空欄に願いごとを書いて専用の木に結べば、桜が咲き進むほどおみくじの花も増え、散らない満開の桜のようになっていく。

平安神宮《へいあんじんぐう》

● 京都府京都市左京区岡崎西天王町
● http://www.heianjingu.or.jp

平安遷都1100年を記念して、明治28年に遷都のおや神様である第50代桓武天皇を御祭神として創建。再現された平安当時の社殿を、約1万坪の日本庭園が取り囲み、四季折々に風光明媚な趣がある。

厄除開運　家内安全

浄土信仰において阿弥陀如来は、仏様のオーケストラを引き連れて極楽浄土から迎えにくるという。

お寺
京都

四《し》柱《ちゅう》推《すい》命《めい》で占うおみくじ

◎開運推命おみくじ

遠方の人は郵送でも
申し込みができる！

驚くほど当たる
一年間の運勢

歴史の教科書にも出てくる、リアルな空也上人（くうやしょうにん）像と平清盛像はあまりにも有名。平家一門の帰依篤く、一帯には彼らの邸宅が立ち並んでいた。また、大文字に並べた蠟燭の明かりで先祖の霊を迎えるお盆の萬燈会は、空也上人による創建のころから続く。あの世と平安京との境目のような、不思議な土地柄にある。「開運推命おみくじ」は四柱推命を元に、生年月日から今年の運勢を出す。

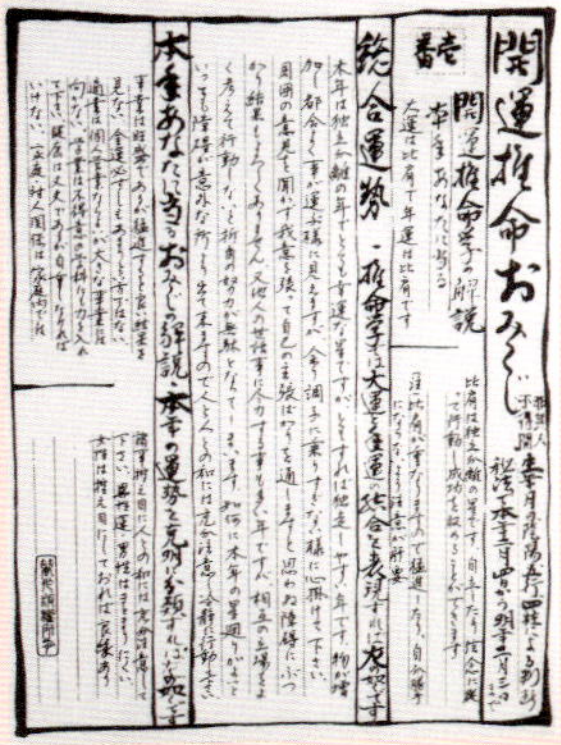
開運推命おみくじ
壱番
開運推命学の解説
本年あなたに当る
総合運勢
本年あなたに当るおみくじの解説・本年の運勢

六《ろく》波《ぱ》羅《ら》蜜《みつ》寺《じ》
● 京都府京都市東山区
五条通大和大路上ル東
● http://www.rokuhara.or.jp

951年、醍醐天皇第二皇子光勝（空也上人）により開創。六波羅蜜とは、この世に生かされたまま、仏様の境涯に到るための六つの修行（布施、持戒、忍辱、精進、禅定、智慧）をいう。

無病息災　勝負運　金運

神社
京都

怖いけど気になる悪縁度

◎縁みくじ

パーセンテージで
悪縁の度合を表記

安《やす》井《い》金《こん》比《ぴ》羅《ら》宮《ぐう》
● 京都府京都市東山区下弁天町70
● http://www.yasui-konpiragu.or.jp

高さ1.5mの「縁切り縁結び碑」には人々の願いが書かれた形代（おふだ）が貼られている。碑の中央にある穴を表からくぐって悪縁を切り、次に裏からくぐり良縁を結ぶ。

悪縁切り　断ち事　断ち物

悪縁を切って
良縁を結ぶ

祭神の崇徳上皇の寵妃が住んでいたと伝わる地にある神社で、幸せの妨げとなるあらゆる悪縁を切るご利益が有名。祇園の花街が近いこともあり、愛憎うず巻く人々の情念を受け止めてきたのかも。崇徳上皇の和歌が書かれた「縁みくじ」で見逃せないのは、左隅にぽつりと記された「悪縁度」。怖いもの見たさに、つい引きたくなる。確認した後は、「縁切り縁結び碑」で祈願しよう。

神社
京都

桜型の吉凶判断と、品種占い

◎平野桜みくじ

桜の形と短冊の2種セット

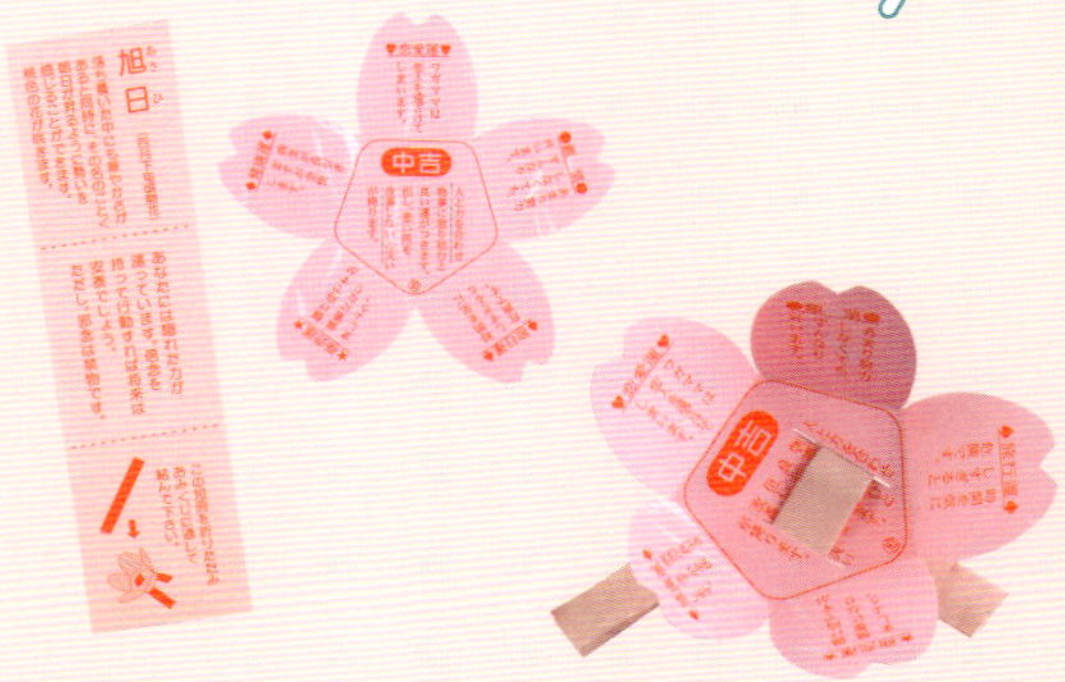

驚異的な長さの お花見シーズン

平安時代から桜の植樹が続く、国内屈指の名所。平野神社独自の品種や原木も多い。約60品種400本が次々咲くので、3月中旬から5月上旬までと国内で最も長くお花見を楽しめる。「平野桜みくじ」は、吉凶と運勢を示した桜の花の形のおみくじと、20品種それぞれの桜のイメージからメッセージを受け取れる短冊型おみくじの2点セット。境内の所定の場所に結んである様子は、大きな桜が咲いたようで美しい。

平野神社《ひらのじんじゃ》

● 京都府京都市北区平野宮本町1
● http://www.hiranojinja.com

生活安泰

平城京の宮中から平安遷都と同時に御遷座した。皇城鎮護の神を定めた「二十二社」の五位。魁桜の発祥であり、境内の桜が咲き出すと都のお花見が始まると言われている。

お寺
大阪

おみくじで巡る紅葉の名所

◎箕面《みのお》滝道《たきみち》「みのくじ」

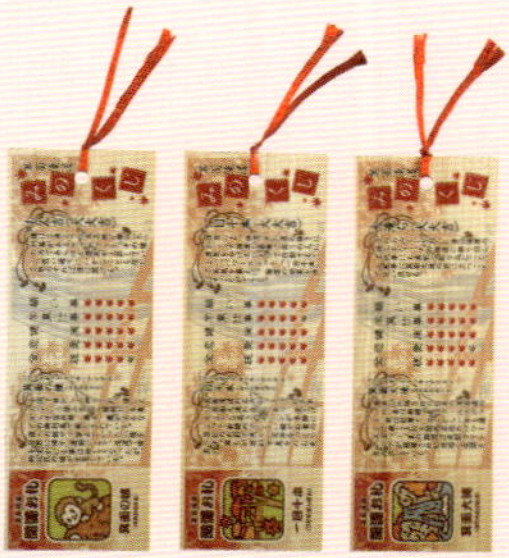

観光MAP付きのお札

散策が楽しくなる 濃いサービス精神

桧の栞で、観光マップを兼ねる「みのくじ」。さらに、おみくじの所定の部分に願いごとを書いて切り離せば「開運お札」になるなど、詰め込みぶりがすごい。マップに記載のパワースポットは、すべて歩いて回れる。「みのくじ」は、一面に紅葉が広がる雄大な眺めの「一目千本」が大大吉など、名所のイメージと運勢が対応するのもおもしろい。凶はなし。収益の一部は、箕面の山麓保全活動に充てられる。

聖天宮《しょうてんぐう》 西江寺《さいこうじ》

● 大阪府箕面市箕面2-5-27

658年、修験道の開祖である役行者によって建立された、大聖歓喜天霊場の根本道場。西国七福神の大黒天霊場でもある。紅葉観賞をはじめ、椿の名所としても知られる。

良縁成就　夫婦圓満　子孫繁栄

箕面滝道の名物は、なんと紅葉の天ぷら。サクサクに揚がっていて味付けは甘い。

神社 大阪

原始的な骨占いをイメージ

◎おみくじ＊

さりげなく残る古い形の面影

日本一長いアーケード、天神橋筋商店街の中心で、上方落語が毎日聴ける天満天神繁盛亭も隣接。おみくじには、最も原始的な占いの一つと言われる古代日本の骨占い「太占（ふとまに）」に使う、鹿の肩甲骨と梶の葉を大胆にデザイン。印刷こそ現代的だが、この図柄の原案は戦前に境内社で出していたおみくじだ。運勢を言い切るタイトルも、江戸時代の歌占の名残を思わせ、昔の香りを留めている。

鹿の肩甲骨をデザイン

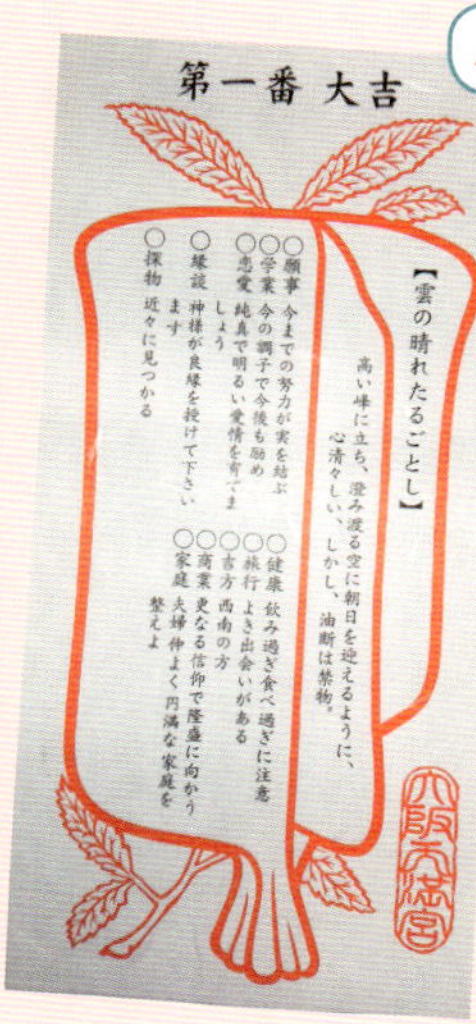
第一番 大吉

【雲の晴れたるごとし】

高い峰に立ち、澄み渡る空に朝日を迎えるように、心清々しい、しかし、油断は禁物。

○願事 今までの努力が実を結ぶ
○学業 今の調子で今後も励め
○恋愛 純真で明るい愛情を育てましょう
○縁談 神様が良縁を授けて下さいます
○探物 近々に見つかる
○健康 飲み過ぎ食べ過ぎに注意
○旅行 よき出会いがある
○吉方 西南の方
○商業 更なる信仰で隆盛に向かう
○家庭 夫婦仲よく円満な家庭を整えよ

大阪天満宮《おおさかてんまんぐう》

●大阪府大阪市北区天神橋2-1-8
●http://www.tenjinsan.com

949年創建で、御祭神は菅原道真公。毎年7月に開催される日本三大祭の天神祭は、古式ゆかしい衣装を身にまとった3,000人の行列などで、観光客を魅了する。

神社 大阪

謎多き独特の漢詩おみくじ

◎おみくじ＊

梅の柄が特徴的！

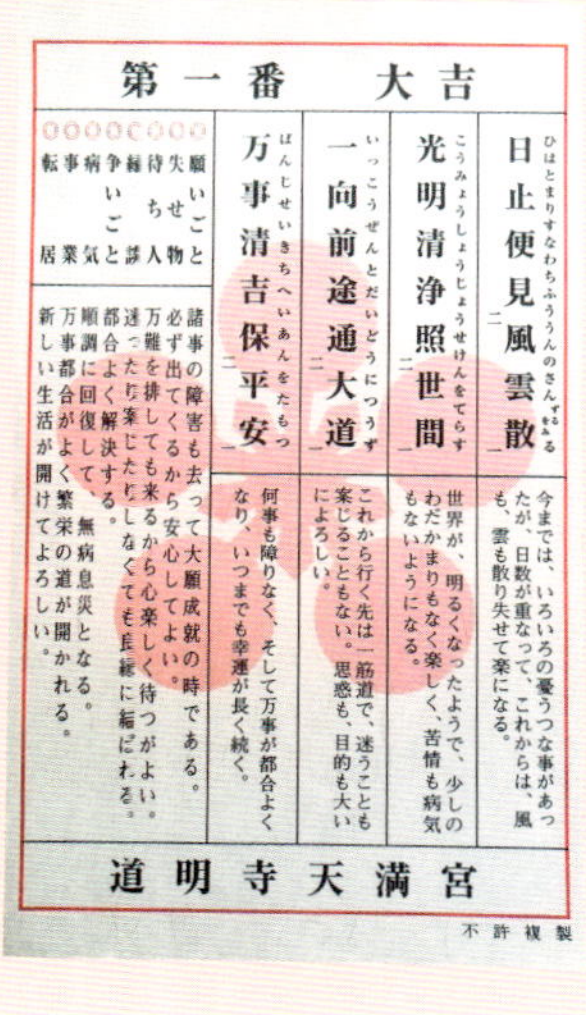
第一番 大吉

日止便見風雲散《ひはとまりすなわちふううんのさんずるをみる》
光明清浄照世間《こうみょうしょうじょうせけんをてらす》
一向前途通大道《いっこうぜんとだいどうにつうず》
万事清吉保平安《ばんじせいきちへいあんをたもつ》

今までは、いろいろの憂うつな事があったが、日数が重なって、これからは、風も、雲も散り失せて楽になる。

世界が、明るくなったようで、少しのわだかまりもなく楽しく、苦情も病気もないようになる。

これから行く先は一筋道で、迷うことも案じることもない。思惑も、目的も大いによろしい。

何事も障りなく、そして万事が都合よくなり、いつまでも幸運が長く続く。

○願いごと 諸事の障害も去って大願成就の時である。
○失せ物 必ず出てくるから安心してよい。
○待ち人 万難を排しても来るから心楽しく待つがよい。
○縁談 迷ったり案じたりしなくても良縁に結ばれる。
○争いごと 都合よく解決する。
○病気 順調に回復して、無病息災となる。
○事業 万事都合がよく繁栄の道が開かれる。
○転居 新しい生活が開けてよろしい。

道明寺天満宮

不許複製

道明寺天満宮《どうみょうじてんまんぐう》

●大阪府藤井寺市道明寺1-16-40
●http://www.domyojitenmangu.com/

菅原道真公の祖先土師氏の氏神様として創建され、その後天満宮が創建。道真公のご遺品（国宝）を所蔵する唯一の天満宮である。境内の梅園も名高く、歴史と自然に触れられる。

厄除　学業成就

お寺と違う上に一部は現存せず

学問の神様「天神様」こと菅原道真公の、祖先にゆかりの深い場所。お寺の一般的な漢詩おみくじとまったく違う、七言絶句の漢詩おみくじが特徴的だ。先に神社ができてその後、同一場所にお寺が建立された経緯があるが、当神社でのおみくじの発祥に関係しているかは不明である。60番まであるのに歯抜けで30本しかないというから、謎は深まるばかりだ。なお、菅原道真公も漢詩が得意で、よく詠んだと言われている。

天神様こと菅原道真公のお使いとされる鳥の鷽《うそ》は、人々を襲う蜂を食べ尽くして救ったと伝えられる。

神社
大阪

日本神話で占うおみくじ

◎杭全《くまた》神社みくじ

ユニーク吉凶と時代の香り

古事記・日本書紀の名場面を表した和歌で占う、神話ファンにはたまらない内容。尊王攘夷の気運高まる幕末から、お寺とは違う日本らしい神社独自のおみくじが国学者によって作られ始めた。その中でも先駆的なものが、この「杭全神社みくじ」の元になっている。「吉凶未分」、「凶変吉」、「凶末吉」といったユニークな吉凶も特徴。各運勢項目に「走人（はしりびと）」（失踪人）など時代感があるのも見所だ。

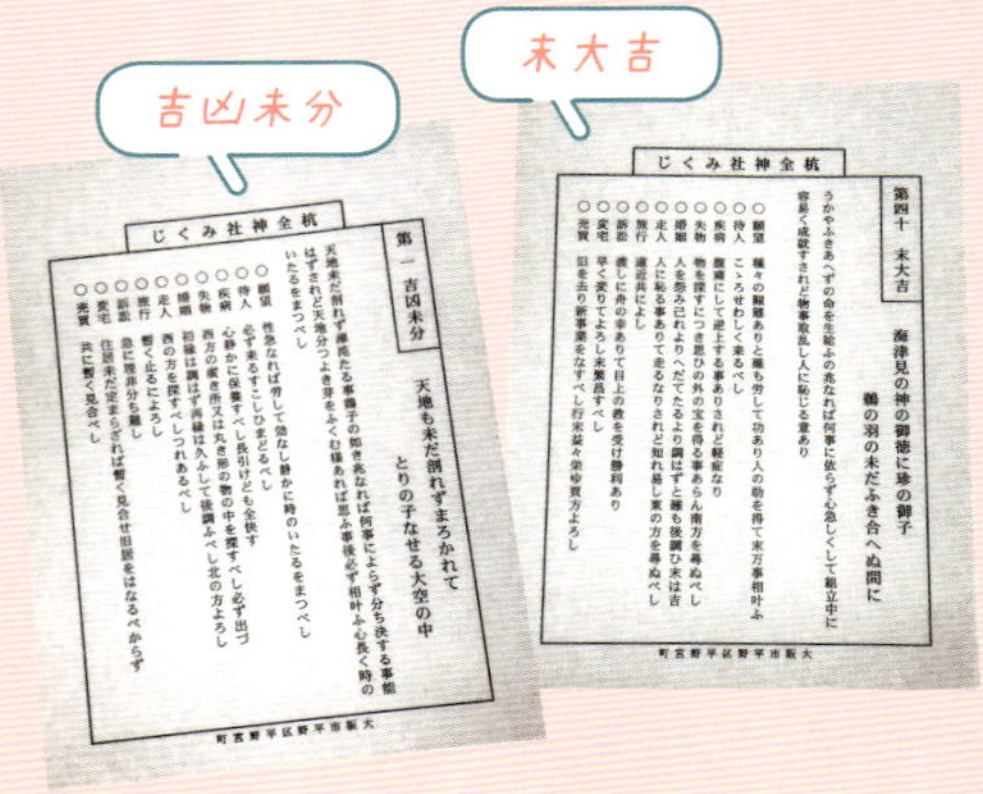

杭全神社《くまたじんじゃ》

●大阪府大阪市平野区平野宮町2-1-67
●http://www.kumata.jp

厄除　除災招福　武運長久

862年、征夷大将軍坂上田村麻呂の孫・当道が、牛頭天王を祀る祇園社を創建。その後、熊野証誠権現、熊野三所権現をそれぞれ祀り、3棟の本殿が横に並ぶ現在の姿となった。

お寺
大阪

江戸時代から変わらぬ姿

◎神峯山寺《かぶさんじ》毘沙門天《びしゃもんてん》みくじ

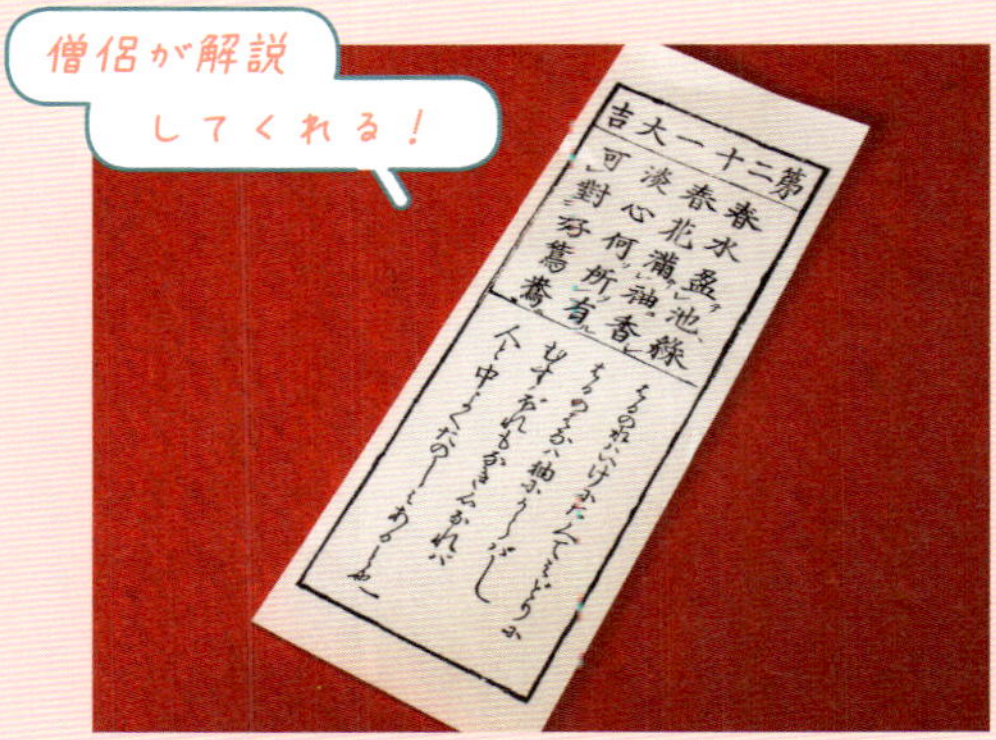

お坊さんが未来への道しるべを助言

江戸時代から神峯山寺に伝わる版木で、今も1枚1枚刷られている「神峯山寺毘沙門天みくじ」。元三大師百籤の流れを汲み、独自に作られた全32種のおみくじである。漢文と崩し字で書かれているため、お坊様におみくじの内容を丁寧に解説していただけるのだ。悩みや生き方の指針に個別に対応していただけるというのも江戸時代から変わらない、全国唯一の貴重なおみくじだ。

神峯山寺《かぶさんじ》

●大阪府高槻市原3301-1
●http://kabusan.or.jp

厄除　子宝子授　病気平癒　商売繁盛

679年、役行者により開山。日本で最初に毘沙門天が安置された霊場で、三体の毘沙門天が本尊。「毘沙門不動護摩」では、毎日、厄除・祈願の護摩が焚かれている。

「おみくじを引く」は、古くからの正式な言い方では「みくじを取る」である。

神社
大阪

火を使うおみくじ3点セット

◎辻占おみくじ

おみくじ、やきぬき、あぶり出し

辻占とは、辻を通る人を観察し、それによって占うもの。これを今も受け継ぐ唯一の神社である。じっくり占いたい人は申し込んで体験してみてはいかがだろう。それとは別に「おみくじ式」の辻占が3種ある。「おみくじ」と懐かしの「あぶり出し」は、ひと言でズバリと運勢を表すもの。狐の絵がかわいい「やきぬき」は、火を近づけると当てはまる運勢のところが焼き抜かれる仕掛けになっている。

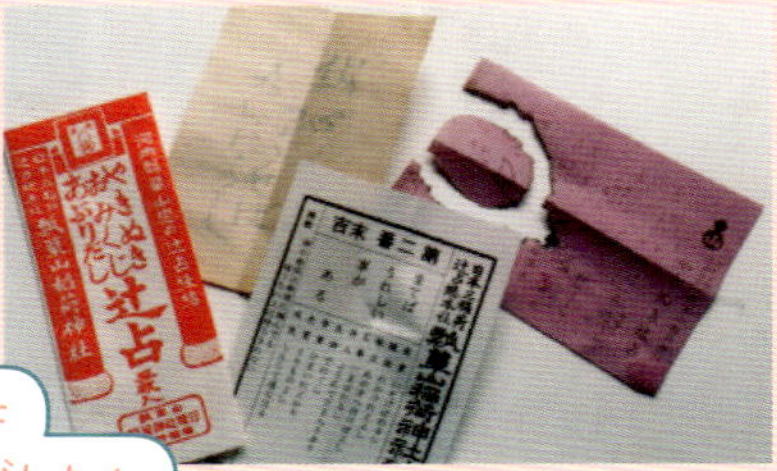

最中の皮に
入った辻占も

瓢簞山稲荷神社《ひょうたんやまいなりじんじゃ》

- 大阪府東大阪市瓢簞山町8-1
- https://ja-jp.facebook.com/瓢簞山稲荷神社-146214722214392/
- https://www.instagram.com/yoh_omairi

生駒山西麓の瓢簞山古墳の西斜面に社殿が建てられている。「辻占」が当たると評判になり、辻占総本社として今も親しまれている。日本三稲荷の一つ。

良縁　生活全般　商売繁盛

神社
大阪

古風な奥ゆかしさが魅力

◎おみくじ＊

旧仮名づかいが粋！

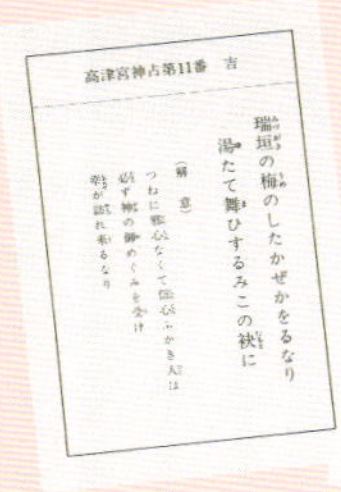

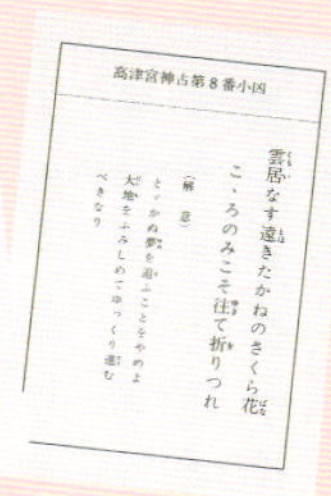

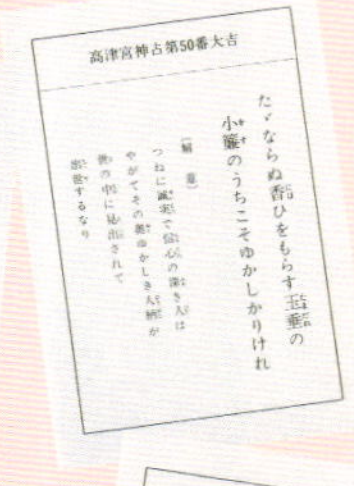

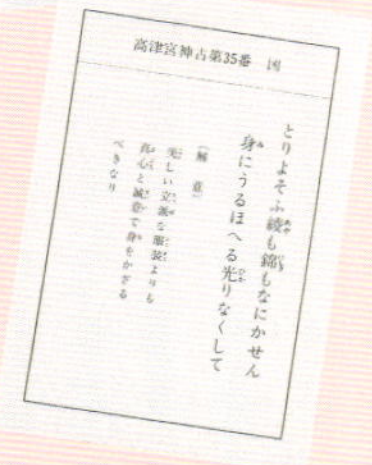

日々のヒントに深読み推奨

今から1200年前の大阪に都を置いた、仁徳天皇を祀る。格調高い古社でありながら、落語に登場したり、富くじ（昔の宝くじ）が行われたりと、親しみやすさも持ち合わせてきた。現在では、神前結婚式や出会いイベントを行う縁結びスポットとしても知られる。旧仮名づかいのおみくじは、和歌に簡単な解説のみと潔く、そのぶん自由な解釈が可能。吉凶よりも、深読みで自分との対話を味わいたい。

高津宮《こうづぐう》

- 大阪府大阪市中央区高津1-1-29
- http://www.kouzu.or.jp

仁徳天皇を主神として仰ぐ神社で、初期清和天皇の勅命（866年）によって社殿を築いたのが始まり。落語「高津の富」の舞台でもあり、定期的に落語会が行われている。

縁結　安産　芸能上達　諸願成就

現代日本のシャーマンの中には、神仏のお告げを「オミクジ」と呼ぶ人もいる。

文化施設 大阪

目立たないけどすごいヤツ
◎浮世小路「一寸法師大明神」

繁華街の裏側に
レトロな異空間

道 頓堀の喧噪から一転、路地に隠れたタイムスリップ空間にその祠(ほこら)はある。道頓堀川は、一寸法師がお椀に乗って旅立った場所。コインを入れると、「よう見つけてくれはったなあ」など毎回違う大阪弁で語りかけてくれる。おみくじは、今の自分を一寸法師の登場人物に例えて占う。予言めいたドキッとする言葉が多く、よく当たると噂。大阪の名所がネタの無茶なラッキーアクションも笑える。

一寸法師の登場人物のイラスト

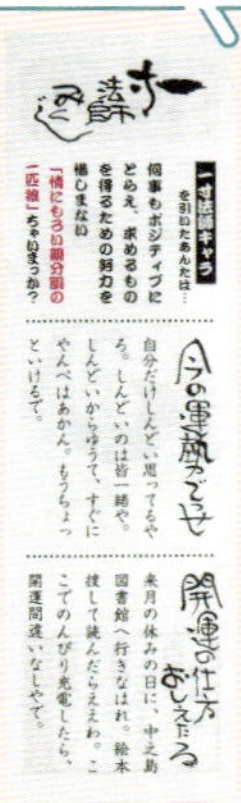

一寸法師大明神
●大阪府大阪市中央区道頓堀1-7-5浮世小路
●http://www.dotonbori.or.jp/ukiyo/

大正・昭和の匂いがにじむ繁華街・道頓堀の路地にある神社。昔、この路地は法善寺の北門通りだった。おみくじは道頓堀商店会の会員、吉里氏が考案し、人気を博している。

子宝　なやみ事　商売繁盛

神社 大阪

和歌の神様らしい「歌占」
◎住吉みくじ「波のしらゆふ」
◎住吉恋みくじ「松の結」

美しい手刷りに
お告げの伝統

ミツマタ製の和紙を使用

住吉大社
●大阪府大阪市住吉区住吉2-9-89
●http://www.sumiyoshitaisha.net

全国2,300社ある住吉神社の総本社。御鎮座1800年を誇り、本殿四棟は国宝に指定されている。大阪の人々は、初詣と言えば「すみよっさん」と親しみを持っている。

安産　厄除　海上安全

住吉の神様は和歌の神様として知られ、古代、天皇と歌を交わした事跡も伝わる。神様自ら詠んだ歌を筆頭に古歌を用いた「波のしらゆふ」と「松の結」は、「歌占」と呼び習わされ、和歌を神託とする伝統が現代に受け継がれている。高級感ある貴重なミツマタ製の和紙は、国際村おこし活動の一環として、原料の栽培から手漉き、手刷りまでの全工程をネパールの人々が行っている。

● 戦前におみくじを集めていた人のスクラップの成果は「おみくじ集」(新城文庫)に見ることができる。

神社
兵庫

こんな吉凶、見たことない！

衝撃のおみくじはゆるかわ版も

ユニークなおみくじが非常に多い神社。中でも一番古くからあるものは、上々大吉から、上中上大吉や中上などを経て、下下までの十二段階、全三十二番と、吉凶ランクが珍しい。おみくじの底知れなさを感じる。短い運勢の文言も古式ゆかしい。「へびみくじ」は、この十二段階を、蛇をモチーフにしたバロメーターで表す現代語版。このほかにも水晶玉を六回転がして易占いができる「水晶みくじ」がある。

へびのバロメーターで12段表記

◎へびみくじ

へびの形をしたケースに入っている

◎おみくじ＊

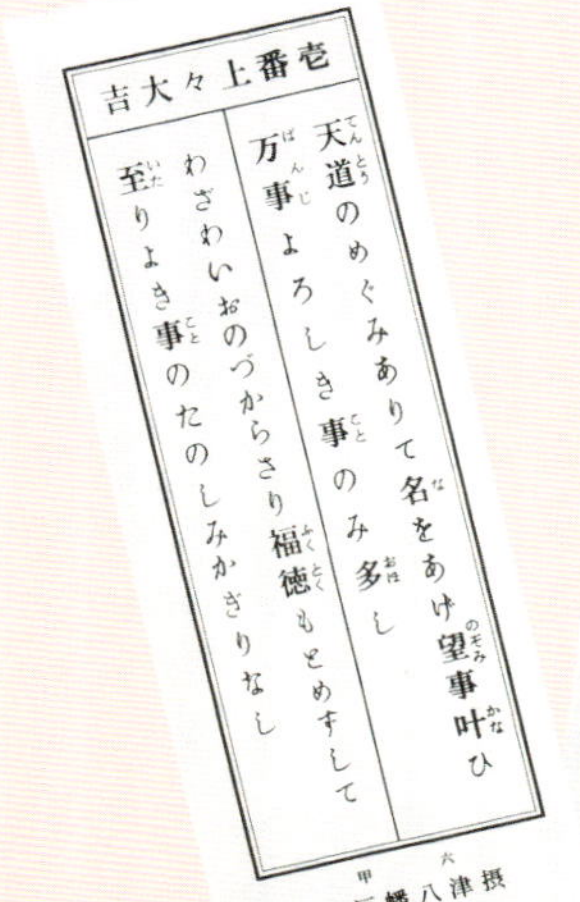
壱番上々大吉

天道《てんとう》のめぐみありて名《な》をあげ望事《のぞみ》叶《かな》ひ
万事《ばんじ》よろしき事《こと》のみ多《おお》し
わざわいおのづからさり福徳《ふくとく》もとめずして
至《いた》りよき事《こと》のたのしみかぎりなし

摂津六甲八幡厄神

◎水晶みくじ

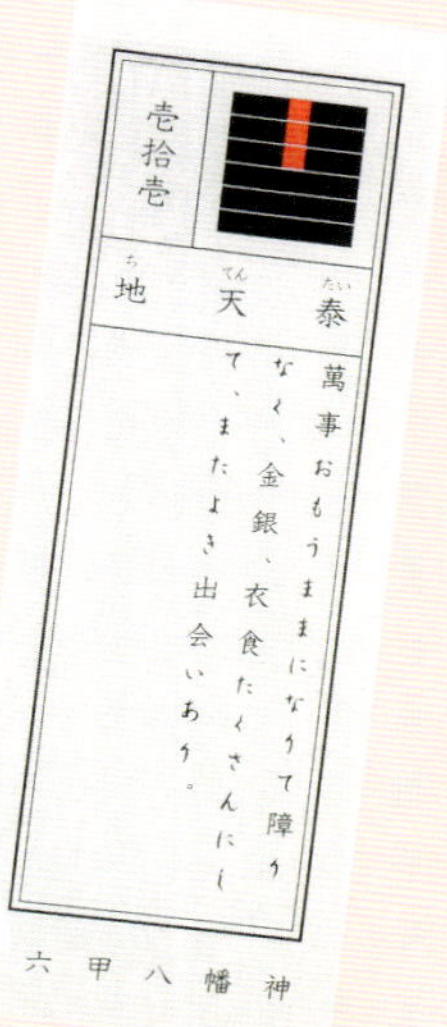
壱拾壱

地《ち》　天《てん》　泰《たい》

萬事おもうままになりて障りなく、金銀、衣食たくさんにして、またよき出会いあり。

六甲八幡神

六甲八幡神社《ろっこうはちまんじんじゃ》

- 兵庫県神戸市灘区八幡町3-6-5
- http://www.rokko.or.jp/

主祭神は天照大神、八幡大神、春日大神であり、高良大神も祀る厄除のお社。阪急六甲駅のすぐ南に鎮座し、広い鎮守の森を持つ。1月18日、19日に厄除大祭（厄神祭）を開催。

厄除

お寺
兵庫

自分の干支に結んで願掛け

◎みくじむすび

おもろい寺の愉快な仕掛け

結び処が干支別になっている!

源平合戦を偲ぶ歴史散歩もいいが、住職の趣向でいたるところに置かれた「おもろいもん」めぐりが不思議なテーマパークのようで目を引く。近ごろ笑いが足りないと感じる人は、ぜひ挑戦して元気になってほしい。「みくじむすび」は、旧仮名づかいで運勢解説のみの昭和な雰囲気。この結び処が干支別なので、しっかり願掛けした満足感が得られる。なぜか上を飛ぶ孫悟空が、願いを天に届けてくれる…かも。

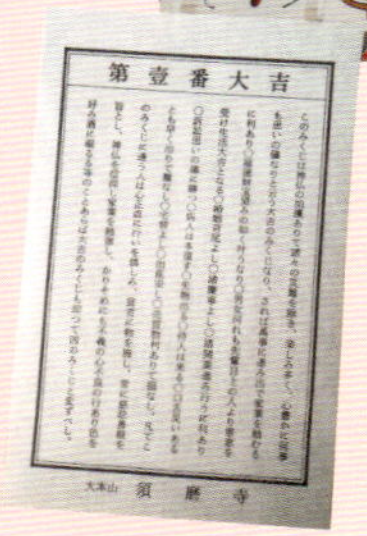

大本山《だいほんざん》 須磨寺《すまでら》

- 兵庫県神戸市須磨区須磨寺町4-6-8
- http://www.sumadera.or.jp

886年、聞鏡上人により開創。本尊は聖観世音菩薩像。平敦盛遺愛の青葉の笛や弁慶の鐘、義経腰掛の松など、多数の重宝や史跡がある。「源平ゆかりの古刹」として知られる。

心願成就　学業成就

神社
兵庫

神戸を見守る縁結びの古社

◎縁結び水みくじ

池に浸すと
文字が出る!

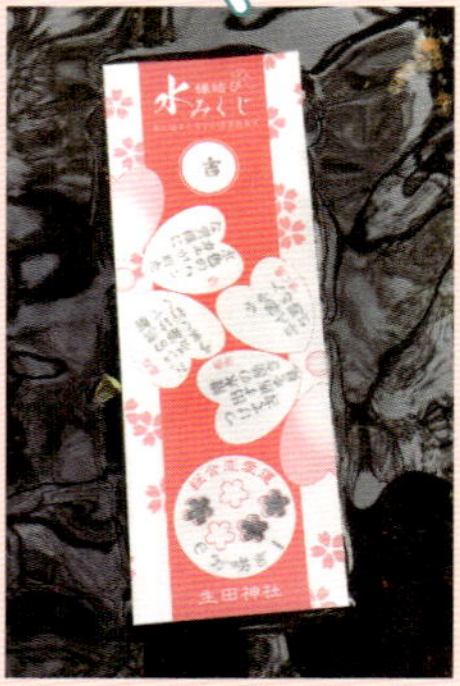

生田神社《いくたじんじゃ》

- 兵庫県神戸市中央区下山手通1-2
- https://ikutajinja.or.jp

201年、神戸港で船が進まなくなった際に、稚日女尊（主祭神）が現れ、「私は活田長狭国に居りたい」と仰せになったのが起源。「敦盛の萩」、「弁慶の竹」などの史跡もある。

恋愛成就　厄除開運　家内安全　交通安全

恋の予感が気分をアゲる

神戸」という地名の由来になった、神話の時代にまで遡る古社。源平合戦の舞台になるなど歴史を見守り続けた生田の森は、散策が心地よい。「縁結び水みくじ」は、生田の森の奥の池に浸すと文字が出る。過ごし方やラッキーアイテムなど恋を引き寄せる助言に、5段階の花マークで咲き具合を計る「総合恋愛運」が楽しい。万葉集などの和歌と、そのイメージによる運勢のおみくじもある。

「住職」というのはあくまで役職名なので、それ以外のお坊さんがたくさんいる。

神社 兵庫

楠公《なんこう》さんの力強い教訓

◎湊川神社おみくじ

教訓的な格言！

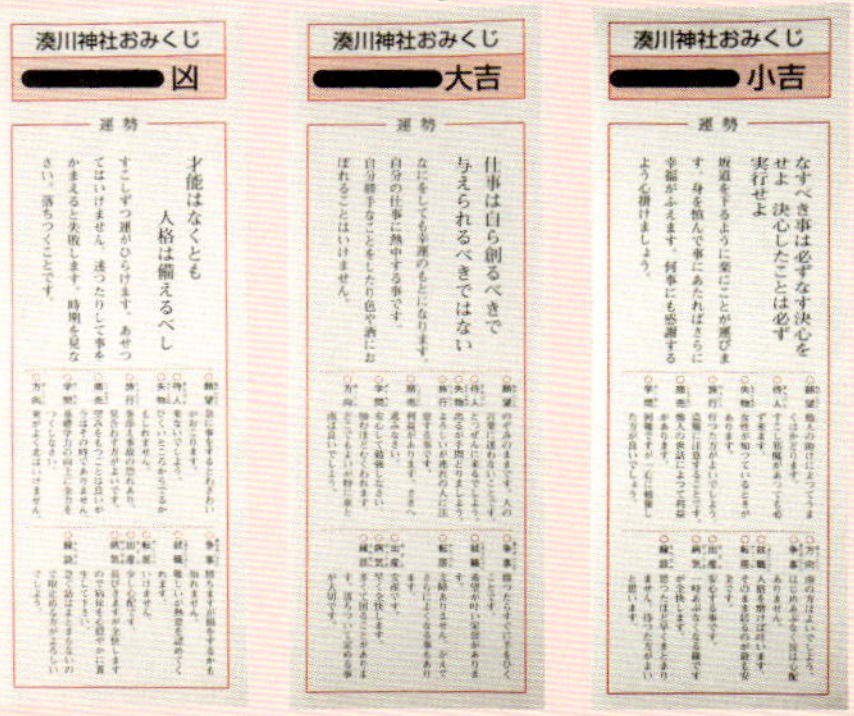

幕末維新の志士の精神的よりどころ

楠木正成公の墓碑を水戸光圀公が建立。墓前に詣でる人は絶えることなく、特に幕末の志士たちに慕われ、明治維新後には神社創建となる。鎌倉幕府滅亡前後の不安定な時代に生きた楠木正成公は、武家勢力との対立を何度も余儀なくされた後醍醐天皇を最後まで守って戦い抜いた。「湊川神社おみくじ」は、教訓的な格言をメインに据える。楠公の信念を曲げない不屈の精神に、現代人も迷いなく生きるヒントをもらえるかも。

湊川神社《みなとがわじんじゃ》（楠公さん）

● 兵庫県神戸市中央区多聞通3-1-1

● http://www.minatogawajinja.or.jp/

厄除　家内安全　開運招福

約700本の楠が茂る境内は都会のオアシス的存在。著名な画家より奉納された163点の本殿天井画は絢爛荘厳だ。

神社 兵庫

江戸後期からのユニーク吉凶

◎神籤

稍吉や後吉がある！

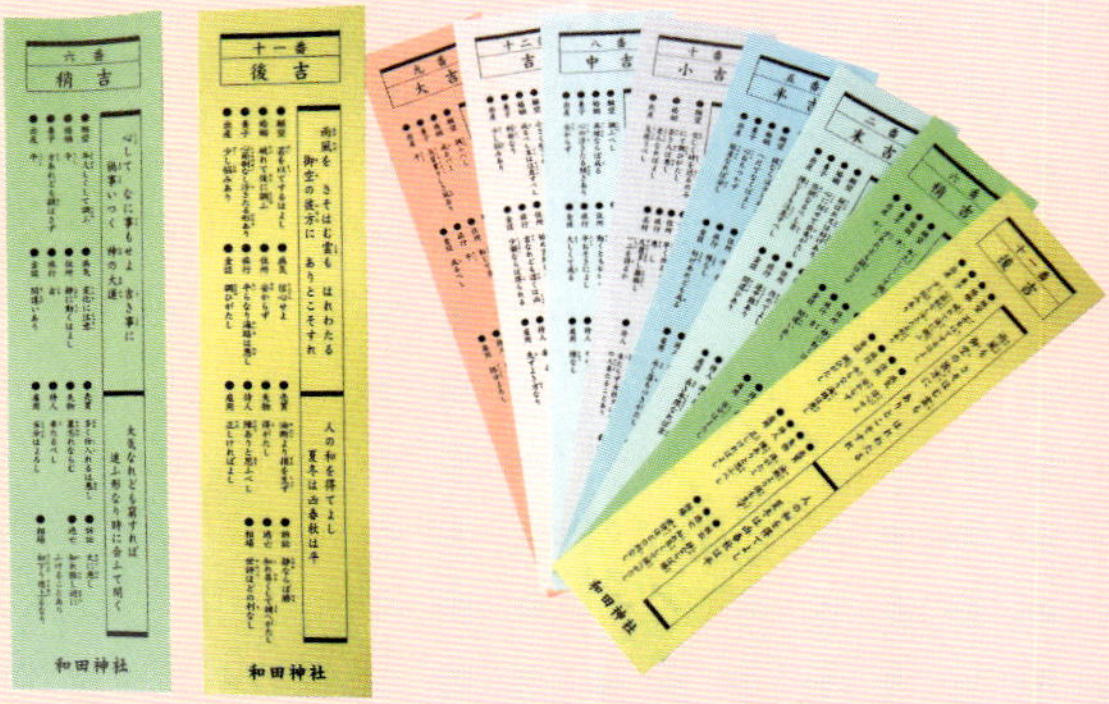

古くからの港町で頼りにされた実績

和田岬で古くから海辺を守ってきた神社。和歌の「神籤」は、現在は活字となったものの江戸時代後期から伝わる内容のままである。当時は、船乗りが航海安全を祈って天候を占ったり、米や淡路産玉ねぎの相場師が相場変動を占ったりしていたという。大吉、吉、中吉、小吉、半吉に続き、凶はない代わりに、凶よりはややよい「稍吉（ややきち）」と、後から吉になる「後吉（あときち）」があるのが最大の特徴だ。

和田神社《わだじんじゃ》

● 兵庫県神戸市兵庫区和田宮通3-2-45

● https://www.facebook.com/wadajinja

交通安全　海上安全

平清盛が兵庫津築港にあたり安芸の宮島より市杵嶋姫大神を勧請し、1659年に天御中主大神の神輿が和田岬に漂着したことから大社殿を造営。

神社
奈良

夫婦大国社で縁結び

◎水占い

清らかな水に浸けて恋を占う

摂末社にも見逃せないご利益

平城京の時代から奈良を守り続けた春日大社の末社である夫婦大国社。原生林に覆われた広大な神域には、多くの摂末社がある。いろいろなご利益を巡るとよい。日本で唯一、夫婦の大国様（オオクニヌシとスセリヒメ）をお祀りする夫婦大国社は、しゃもじに願いごとを書いて奉納できるなど願掛けが豊富で、常ににぎわう。奈良の都を潤し続ける、千古の森に育まれた清らかな水で恋を占おう。

春日大社末社《かすがたいしゃまっしゃ》 夫婦《めおと》大国社《だいこくしゃ》

● 奈良県奈良市春日野町160
● http://www.kasugataisha.or.jp

日本で唯一の夫婦の大国様をお祀りする御社で、夫婦円満、家内安全、縁結びの神様としても有名。古くから絵馬の代わりに杓子を奉納する習慣がある。

夫婦円満　良縁　福運守護

神社
奈良

いにしえの鉱脈を泳ぐ鴨

◎鴨みくじ

おみくじを折ると
鴨の形になる

強力な気を浴びてリフレッシュ

神武天皇の初期王朝と関わりの深かった大和の豪族、鴨一族の発祥の地で、その守護神を祀る。製鉄技術を広めた氏族の土地だけに、鉱脈の上に位置するため、よい気を発すると言われる。「かも」という響きの語源も、「かもす」というエネルギーの放出を表す言葉に通じるという。鴨の形に折られた「鴨みくじ」は、吉凶と一般的な運勢が書かれており、たくさん結ばれた様子は、並んで泳いでいるよう。

全国鴨社総元宮《ぜんこくかもしゃそうもとみや》 高鴨神社《たかかもしんじゃ》

● 奈良県御所市鴨神1110
● http://www.takakamo or.jp

再生　復活

全国の鴨系神社（鴨・加茂・賀茂等）の元宮で弥生中期より祭祀を行う日本最古の神社。主祭神は阿遅志貴高日子根命。境内には池もあり、庭園としての見所もある。

オオクニヌシとスセリヒメが結ばれるまでには、種々の無理難題が課せられ苦難の道だった。

神社 和歌山

日本一の滝のように巨大な筒

◎日本一ジャンボみくじ

高さ133cmという巨大な筒

一生ものの絶景に忘れがたい体験を

天に向かってまっすぐに伸び上がり、普段目に見えないはずの大自然の力がそのまま地上に降り立ったかのような、神々しい姿の那智の滝。その唯一無二の景観は、富士山と並び称されるほどである。落差は133mと、一段の滝として日本一で、おみくじもこれにちなみ、筒の高さが台を含めて133cmというスケール。振り出すのもひと苦労なぶん、滝の感動とあわせて、忘れられない思い出になるはずだ。

熊野那智大社《くまのなちたいしゃ》

●和歌山県東牟婁郡那智勝浦町那智山1
●http://kumanonachitaisha.or.jp

那智御瀧より熊野の神様をお遷ししてから、御創建1700年を迎える歴史ある神社。境内の枝垂れ桜は花が小さく上品と称される。熊野信仰の歴史を語る重要資料の展示もあり。

縁結び　諸願成就

神社 岡山

昔も今も人々を救う指針

明治天皇と皇太后の和歌のみでシンプル

◎みちびき

いにしえに学び未来に導かれる

桃太郎で知られる吉備津神社。ユニークなおみくじの種類が多いと人気で、その中でも和歌が添えられた古典語のおみくじは、「いにしえみくじ」として親しまれている。また黄緑色をした「みちびき」は、ほかのおみくじとは違い、吉凶がない。明治天皇の御製と皇太后の御歌の中から人生訓となるような和歌を選んだもので、英訳も並記。若者をはじめ、今を生きる人々の指針、まさに「みちびき」となるよう願いが込められている。

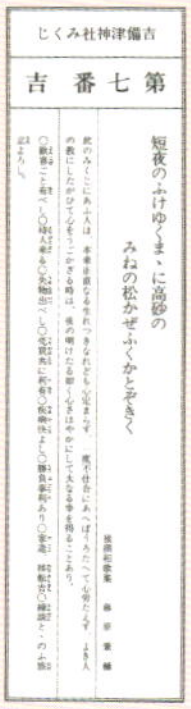

吉備津神社みくじ

第七番　吉

短夜のふけゆくまゝに高砂の
みねの松かぜふくかとぞきく

◎いにしえみくじ

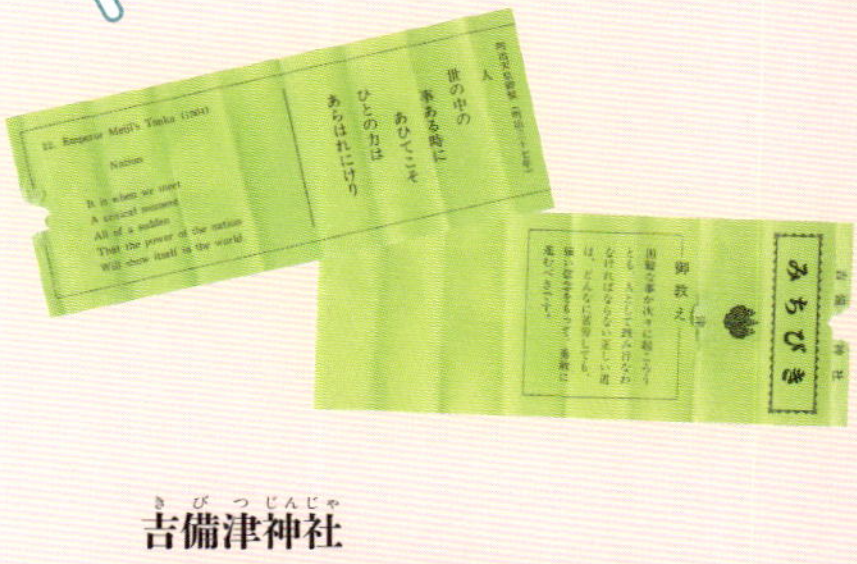

吉備津神社《きびつじんじゃ》

●岡山県岡山市北区吉備津931
●http://www.kibitujinja.com

桃太郎のモデルとしても知られる、大吉備津彦大神を主祭神とする山陽道屈指の大社。国内唯一の「吉備津造り」と呼ばれる様式の本殿も見所。近隣には「鬼の城」もある。

家内安全　良縁成就　就職成就

江戸時代の版木のおみくじ

お寺
岡山

◎おみくじ＊

現代語と英訳もあるので安心

江戸時代、日蓮宗では他宗派と差をつけるべく、独特なおみくじが多く作られた。この一つを、当時の版木そのままの姿で引けるのは貴重。上段には法華経の文言、下段は右側が「〇〇の如し」という運勢、左側が仏教の教訓などを詠み込んだ和歌。読めなくても、裏には現代語訳と、これに対する心構えの解説まであり、すぐに開運に役立てることができる。運勢のみの英訳版も新たに登場している。

裏側に現代語訳がある

最上稲荷《さいじょういなり》（最上稲荷山妙教寺）

●岡山県岡山市北区高松稲荷712

●http://www.inari.ne.jp

家内安全　商売繁盛　開運厄除　良縁成就

日本三大稲荷の一つ。752年、報恩大師が孝謙天皇の病気平癒を祈願したときに御本尊の最上位経王大菩薩が姿を現したのが始まり。境内は祈祷、文化財、供養のゾーンに分かれる。

油取り紙でお清めできる

お寺
岡山

◎良縁みくじ

両縁参りでがっつり願掛け

最上稲荷は、鳥居がたくさんあるけれど神社でなくお寺。お寺と神社を分けなかったころの姿を根強く残しているのだ。そんな境内の「縁の末社」では、悪縁を絶ち良縁を結ぶ「両縁参り」ができる。毎月7日には特別なイベントも。さまざまな体験型の願掛けがあり、達成感を得られるはずだ。「良縁みくじ」はここのオリジナルで油取り紙付き。体のけがれを清めて、良縁を呼び込もう。納める場合は専用の石に貼る。

最上稲荷《さいじょういなり》（最上稲荷山妙教寺）
縁《えん》の末社《まっしゃ》

●岡山県岡山市北区高松稲荷712

●http://www.inari.ne.jp

江戸時代から信仰を集めてきた最上稲荷「七十七末社」の一つ。縁の末社から旧本殿へと続く末社ゾーンには、美麗、人気、愛嬌などを司る神も祀られている。

家内安全　商売繁盛　開運厄除　良縁成就

油取り紙が付いている！

近松門左衛門も日蓮宗の漢詩おみくじを作るのに協力していたことがあると伝えられている。

お寺 岡山

詳しい計算で驚くほど当たる

◎開運推命おみくじ

厄除けの霊山で一年の運勢を知る

運勢は100通りもある！

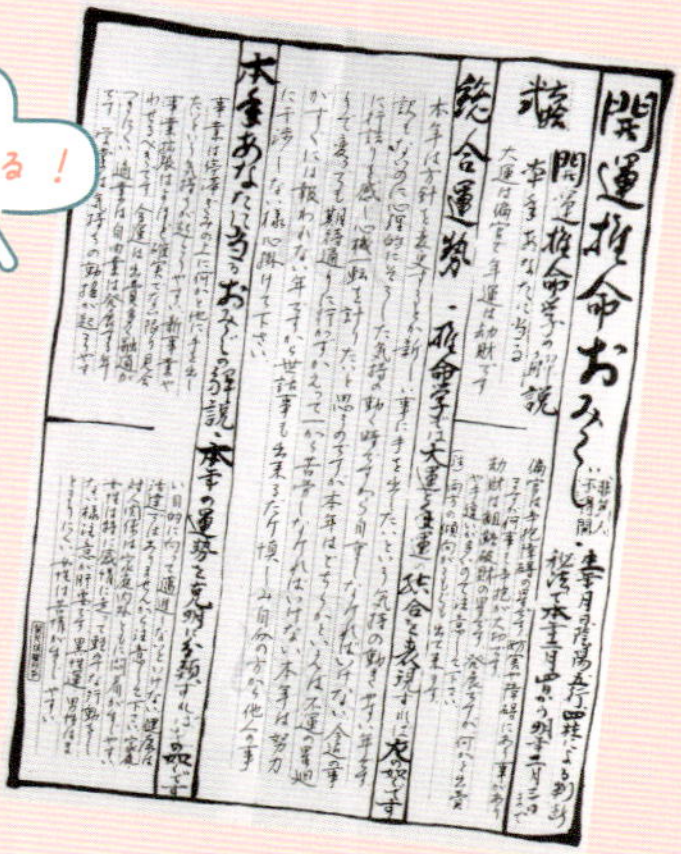

瀬戸内海の豊かな自然に囲まれた由加山は、日本古来の山岳信仰と仏教が結び付いた霊山。厄除けで名高い。厄と言えば気になるのが年回り。このおみくじは、生年月日から四柱推命（しちゅうすいめい）に基づく計算で、節分を区切りとする一年の運勢を出す。100通りにも分けられた詳細な運勢は、占い本などの比でないくらい大変よく当たる。これで今年の心構えを固めれば、厄年だって怖くないのだ。

由《ゆ》加《が》山《さん》蓮《れん》台《だい》寺《じ》

●岡山県倉敷市児島由加2855
●http://yugasan.jp

商売繁盛　開運厄除　良縁成就

厄除けの霊山ならびに、岡山藩主の祈願寺として参拝者が絶えない。約1300年前に行基菩薩により「瑜伽大権現」をお迎えしたのが始まり。多宝塔からは瀬戸内海を一望。

神社 広島

サイクリスト専用おみくじ

◎自転車おみくじ

自転車のお守り付き！

自転車好きなら必ず立ち寄りたい

しまなみ海道という、瀬戸内海の景観美しいサイクリングコースのほど近く。もともと交通安全の神様を祀っており、日本唯一の自転車神社に。「自転車おみくじ」は、身長ほどもある巨大な手作りの筒を振るので、これだけでもインパクト大だ。内容もサイクリスト向けに特化したメッセージで、自転車旅を盛り上げてくれること間違いなし。自転車型のメタルお守り付き。

大山神社《おおやまじんじゃ》

●広島県尾道市因島土生町1424-2
●http://ooyama.sun.bindcloud.jp

773年創立。海を望む高台に鎮座する古社。境内には複数の末社があり、その中の和多志神社は自転車神社とも呼ばれ、交通の守り神でもある。

厄除　交通安全　橋渡し　縁結び

神社 山口

幕末志士好きは必ず引こう

◎松陰先生御教訓入 おみくじ

吉田松陰先生の深いお言葉

現代語での解釈が付いている

萩と聞いただけでも、幕末志士ファンなら胸が熱くなるだろう。その聖地中の聖地、多くの志士を育てた吉田松陰先生の旧宅と松下村塾の残る松陰神社は、おみくじも熱い。松陰先生の著書から選び出した言葉と、現代語のわかりやすい解釈で、学識の深さと世の中への想いの強さを感じることができる。その短くも激しい生涯に思いを馳せよう。なお、凶を出すと「ささやかなおしるし」がいただける。

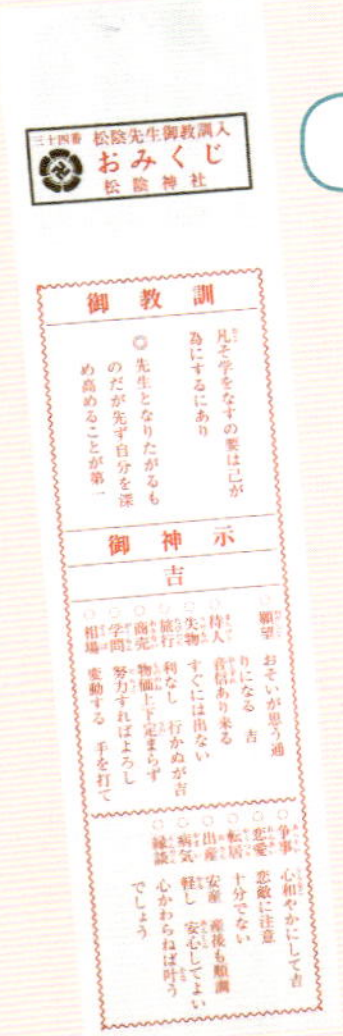

しょういんじんじゃ
松陰神社
● 山口県萩市椿東1537
http://www.shoin-jinja.jp

松下村塾の塾生（伊藤博文や吉田稔麿など）と吉田松陰の家族が住んでいた杉家旧宅を有する土地に建立。学問の神様として信仰を集める。境内には吉田松陰の歌碑や歴史館もある。

学業

神社 香川

忠犬の背中から、ハイどうぞ

◎こんぴら狗開運みくじ

こんぴら狗の袋にお代を入れる

かわいい犬のミニお守り付き

犬の人形の背中に何か入っている!? と思ったら、おみくじ。小さな「こんぴら狗」の金のお守り入りだ。ちなみにお代は、犬の首に下がった黄色い袋に入れるシステム。一生ものの夢の大旅行として社寺巡礼が流行った江戸時代、事情があって行けない人の代わりに、犬が旅してお札をもらったと言われている。金刀比羅宮に向かう犬は「こんぴら狗」と呼ばれた。首の袋は、旅費とお札代を入れたお財布だったのだ。

ことひらぐう
金刀比羅宮
● 香川県仲多度郡琴平町892-1
http://www.konpira.or.jp

「こんぴらさん」の名で親しまれる。521mの象頭山の中腹にあり、創設当初の名称は「琴平神社」（※現名は明治元年から）。大物主神、崇徳天皇をお祀りしている。

海の神様

讃岐うどんは、江戸時代から金比羅詣りのための旅籠などで売られていた。

お寺 愛媛

文学で恋する温泉めぐり

◎俳句恋みくじ

恋の俳句は 60句もある

俳句の町で ドキドキしよう

夏目漱石「坊っちゃん」の舞台になった松山は、多くの俳人を輩出した俳句の町。文化人を惹きつけてやまない情緒が道後温泉にはある。湯の地蔵が温泉街を見守る圓満寺では、そんな壮々たる人々の俳句を味わえる「俳句恋みくじ」が引ける。多方面で活躍中の俳人、それも松山出身の神野紗希さんが、恋の俳句ばかり60句も選りすぐった。切ない恋心を追体験すれば文豪気分!?　縁結び祈願も忘れずに。

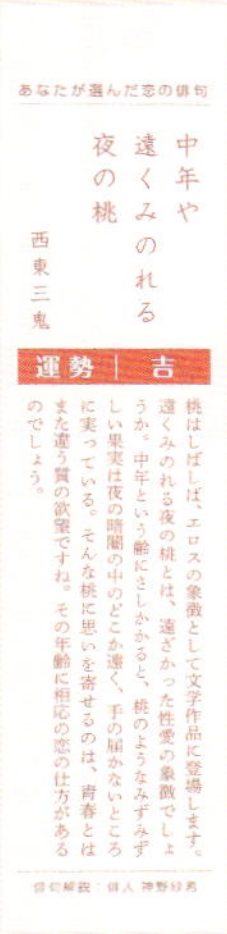

圓満寺《えんまんじ》

●愛媛県松山市道後湯月町4-49

本尊は812年に建立されたという阿弥陀如来。仏堂にある「湯の大地蔵」と呼ばれる地蔵尊は、3.67mの高さで白塗りの肌が特徴。道後温泉を火事から守っている。

火除け地蔵　延命地蔵　家内安全　恋愛成就

神社 愛媛

しまなみにご利益を求めて

◎おみくじ＊

品のある書体で 和歌は60首

大山祇神社《おおやまづみじんじゃ》

●愛媛県今治市大三島町宮浦3327

諸願成就

「せとうち・しまなみ海道」の中心に浮かぶ大三島に鎮座する、全国1万326社の大山積神を祀る総本社。隣接する宝物館には国宝・重文を含む文化財が収蔵されている。

静かな時空間で おみくじに向き合う

瀬戸内海を航海する人々の篤い信仰を集めてきた大山祇神社は、現在はしまなみの観光スポットとしても名高い。静かな時間が流れる境内で引くおみくじは、大吉、吉、半吉、末吉、凶の5種類で、和歌と本文が記載されているシンプルな内容だ。神の島とも称される大三島で、樹齢2600年とも言われる大楠から力をもらい、さらにおみくじでありがたいお言葉をいただけば、心が洗われることだろう。

神社
福岡

えびす様の鯛で運気上昇

◎めでたいみくじ

博多弁の運勢に思わずほっこり

博多の東公園に隣接する、毎年1月10日と前後の合わせて4日間にわたる正月大祭で賑わう神社。このお祭りの名物はいろいろな縁起物が当たる福引で、景品の中に「目出鯛（めでたい）」という大きな鯛の張り子がある。これをモチーフにした「めでたいみくじ」は、博多弁で書かれた各運勢の内容に心が和む。持ち帰ってもよいが、鯛の顔が上向きになるように結べば、運気上昇の願掛けになる。

十日恵比須神社《とおかえびすじんじゃ》

●福岡県福岡市博多区東公園7-1
●http://www.tooka-ebisu.or.jp

商売繁盛　開運　良縁

県庁の目の前にある東公園に隣接。深緑の中に鎮座するのは、事代主大神（えびすさま）と大國主大神（だいこくさま）。年始の恵比須大祭では全国から大勢の参拝がある。

神社
福岡

ハートの形に結んで願掛け

◎恋むすびみくじ

ハートな神社に増やすマイハート

全国でここだけ、その名も「恋命（こいのみこと）」という神様を鎌倉時代から祀る、ハートだらけの神社。「恋むすびみくじ」は紙のおみくじと、夫婦雛のおみくじが一緒に入っており、紙のおみくじには、良縁の道しるべと幸運の鍵が書かれている。また、「結び方のススメ」看板に従えば、きれいなハート形に結ぶことができる。夫婦雛は願掛けとして大事に保管しておきたい。

恋木神社《こいのきじんじゃ》

●福岡県筑後市大字水田62-1
●http://www.mizuta-koinoki.jp/koinoki/

水田天満宮の末社として鎌倉時代より鎮座。御祭神は「恋命」を祀る。良縁幸福、恋の神様として親しまれ、境内に神紋の猪目（ハート形）が多数装飾されている。

良縁幸福

お寺
福岡

宝くじが当たる!? 涅《ね》槃《はん》像

◎「開運涅槃像」御守入おみくじ

小さな大仏を金運のお守りに

羽根投げゲームができる！

ブロンズ製としては世界一の涅槃像がある。ミャンマーへの国際支援活動の返礼に贈呈された仏舎利（ぶっしゃり）を祀るための建立だったが、そんな慈善活動の報いからか落慶（らっけい）前に住職が宝くじで高額当選し、金運のご利益が評判に。おみくじは、財布などに入るミニ涅槃像のお守り付き。涅槃像前で引けば羽根投げゲームができ、難関だが成功するとお土産がもらえる。この羽根投げが目的の人も。

篠栗《ささくり》四《し》国総本寺《こくそうほんじ》 南蔵院《なんぞういん》

●福岡県糟屋郡篠栗町大字篠栗1035

明治32年高野山から移転した、高野山真言宗別格本山で篠栗新四国霊場１番札所。境内にある釈迦涅槃像は、ブロンズ製としては世界最大（高さ11m、全長41m）。

開運　厄除　金運

神社
熊本

戦国武将オールスターズ

◎武将みくじ

家紋の蒔絵シール付き

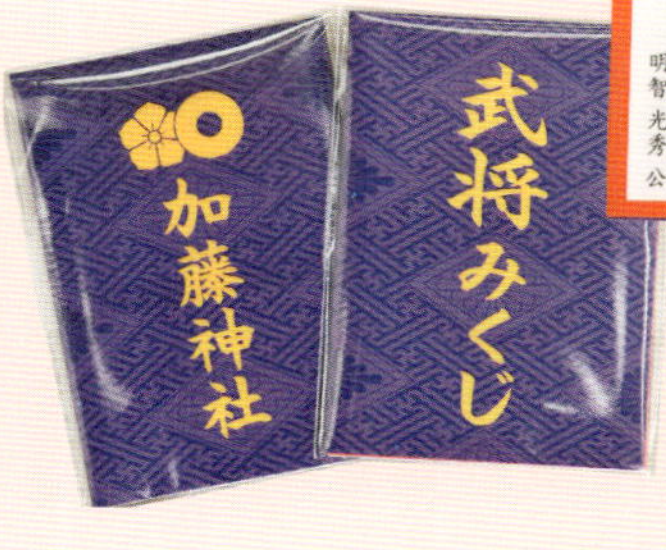

加藤神社《かとうじんじゃ》

●熊本県熊本市中央区本丸2-1

勝運　土木建築　仕事開運

熊本城内に鎮座。肥後国熊本開拓の大恩人、加藤清正公を祀る。天守閣や宇土櫓の眺望のよさでも知られる。７月開催の「清正公まつり」は熊本を代表する夏祭。

歴史が教える戦いの極意

加藤清正公が築いた難攻不落の熊本城は、地元のシンボル。清正公は、民衆思いの治政と信心深さから後世の人々に愛され、神格化された。熊本城内には彼を祀る当神社がある。「武将みくじ」には、全国の戦国武将が勢揃い。誰が出るかはお楽しみで、家紋の蒔絵シールもうれしい。各武将の名言と詳しい解説は、現代社会という戦いを生き抜くヒントになる。ちなみに清正公は超レアな「特吉」だ。

お寺で唱えられているすべてが「お経」ではない。真言宗「ご真言」、浄土信仰「念仏」、日蓮宗「お題目」など。

神社
佐賀

ロケ地巡りの興奮は世界共通

エレベーターで昇って運気上昇

タイの映画やドラマのロケ地として話題になり、アジア圏から訪れる人が多い当神社。古くからの「玉みくじ」は、お稲荷様のシンボルである宝珠の形の玉を引き、出た番号の結果を受け取る。江戸時代の版木は、たとえ読めなくとも外国人受けしそう。タイ語を含む五ヵ国語併記の「外国語みくじ」もある。舞台造りの本殿にはエレベーターが設置され、利用は有料だが、パワーストーン付き「運気上昇みくじ」をいただける。

◎玉みくじ

玉を引いておみくじが選ばれる

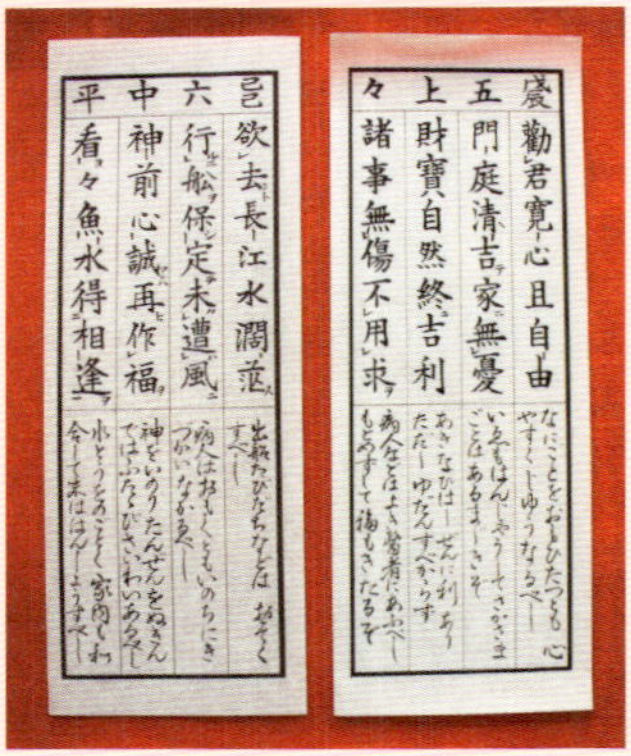

◎運気上昇みくじ

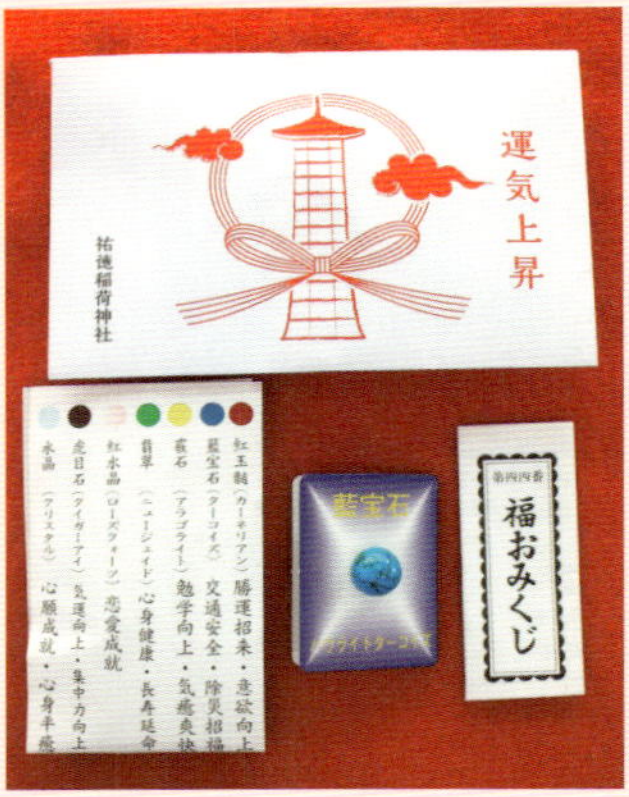

神社にエレベーターが設置されている

◎外国語みくじ

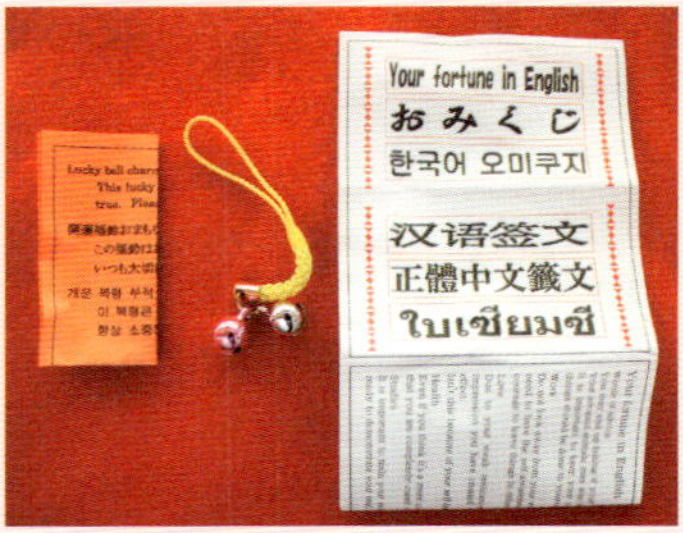

祐徳稲荷神社《ゆうとくいなりじんじゃ》

● 佐賀県鹿島市古枝乙1855
● https://www.yutokusan.jp

1687年、朝廷の勅願所であった稲荷大神の御分霊を勧請されたのが始まり。日本三大稲荷の一つで、御本殿、御神楽殿、楼門等総漆塗極彩色の豪壮華麗な偉容は鎮西日光と称される。

商売繁昌　家運繁栄　大漁満足　交通安全

祐徳稲荷の門前町の名物は、「のごみ人形」という土人形。年賀切手の干支デザインにもなった。

神社
大分

金箔入り硝子細工を授かる

◎福良《ふくよし》おみくじ

9種類の縁起物の
どれかが入っている！

レアな赤猫も！
美しい縁起物

祭神は、天神様こと菅原道真公。その子孫が創建した神社。「男はつらいよ」30作目の映画ロケ地でもあり、境内はノスタルジックな雰囲気だ。「福良おみくじ」は、9種類の縁起物からどれかが出てくる。それもすべて、繊細で美しい金箔入り硝子細工なので、見ているだけで心が落ち着く。財布などに入れて持ち歩き、運気アップに。ここだけの縁起物「赤猫」モチーフのレア物も混ざっており、出たら大ラッキーだ。

福良天満宮《ふくらてんまんぐう》

- 大分県臼杵市福良211
- http://www.fukuragu.jp

学業成就　商売繁盛　開運招福

城下町臼杵を見下ろす高台に鎮座する、菅原道真公の子孫が伝えた神社。明治初期のあるころから赤猫にあやかることになり、赤猫神社の併設のほか、赤猫の授与品も扱う。

神社
鹿児島

神様からのお告げを心に

◎神心《みこころ》みくじ

お守りによってご利益が違う

社紋や縁起物が
モチーフのお守り付き

背景を山で囲まれ厳かな雰囲気に包まれた神社。尊い御霊を拝めば、身の引き締まる思いを得ることだろう。神様からのお告げ「神心みくじ」は、護國神社の社紋である菊と桜、正月縁起の夫婦獅子をかたどったお守り付き。計3種類各2色あり、それぞれのご利益がある。同おみくじは、神社の職員の立案というのも驚きだ。神様のお告げを受け止め、今ある平和に感謝したい。

鹿児島縣《かごしまけん》護國神社《ごこくじんじゃ》

- 鹿児島県鹿児島市草牟田2-60-7
- http://k-gokoku.or.jp

明治天皇の直々の仰せにより、明治元年に創建。緑に囲まれた境内には、幕末から先の大戦まで国や郷土のために命を捧げられた7万7千余柱の御霊が祀られている。

開運厄除　家内安全　必勝

集めました! 辻占《つじうら》菓子

江戸時代に「くじ形式」で定着し、遊びの要素も加わった辻占は、現在もお菓子の形になって残っている。お菓子や占いの内容はそれぞれ。どんな辻占菓子があるか、人気のあるものを集めた。

01 辻占せんべい 新潟

丸い形のせんべいを割ると、中に折りたたまれたおみくじが入っている。おみくじには吉凶とありがたいお言葉。末吉や凶はあまり入っておらず、同じ内容が書かれているものはほとんどないそう。せんべいはみそが入っていてほんのり甘く、お土産に最適だ。

心もパリッとする

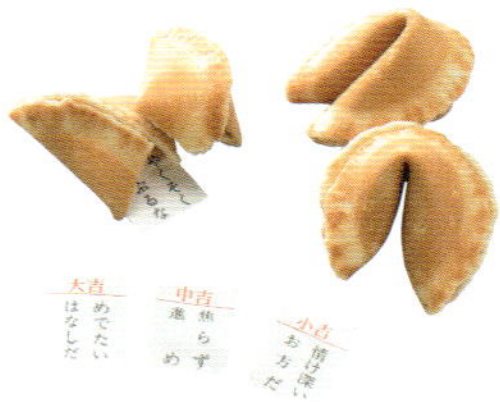

02 五泉市忠犬/桜タマ吉おみくじせんべい 新潟

一つひとつ手作りで焼いたせんべいの中に、おみくじの吉凶札や、タマ吉札が入っている。せんべいを曲げておみくじを包むという職人技が生きた商品だ。「○○だワン」というタマ吉の話し言葉に心安らぐ。

タマ吉の言葉に癒やされる

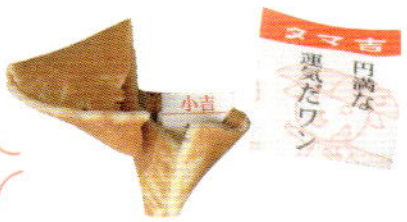

03 辻占/福徳 石川

「時は金なり」「海老で鯛を釣る」などが書かれたおみくじを、最中種で巾着包みにした「辻占」。「花より団子」「善は急げ」などが書かれたおみくじと金花糖・金平糖を、えびす様や打出の小槌などの形の最中種に入れた「福徳」。玩具が入っていることもある。

縁起が詰まった迎春菓

04 幸せの華 辻占 石川

花びらのような形をした御干菓子で、羽根形(羽子板で使う羽根)とも言われる。中には丸まった占紙が入っており、短い言葉で吉凶を表している。内容は恋愛や人生訓、助言、戒めの言葉など。3つの言葉を並べて文章にする「言葉の福笑い」のような遊び方もある。

3つの占紙を並べて文章に

伝統からグローバルへ 辻占菓子の世界

辻占は、先述(p21)のとおり、江戸末期ごろから流行った、紙のくじを引く娯楽性の高い占い。次第に「おみくじ」と混同され、忘れ去られた。

この辻占が現代に生きているのが、お菓子の世界。北陸をはじめ一部地域では、今もお正月の縁起物だ。辻占菓子を割ると出てくる紙には、気になるひと言。方言や、花街の名残も交ざる。小さな玩具が入ったものも。その年の幸運を占う初笑いとして親しまれている。

最近では、フォーチュンクッキーのルーツとして世界的に知られる。美しい趣向を凝らした山海堂の商品も大ヒット。さまざまな遊びを組み込める辻占は、無限の可能性を秘めている。

01 ふじや売店《ばいてん》（髙龍神社前）

●新潟県長岡市蓬平町甲1590-9

龍神様をお祀りし、商売繁盛や金運にご利益のある髙龍神社のすぐ近くにある売店。神社関連の商品や縁起物、地元でとれる山菜・野菜、お土産などを多数揃えている。

02 ふるさと企画（販売：魚斎藤）

●新潟県五泉市村松乙284-1

米、栗製品、里芋・レンコンなどの乾燥野菜や山菜を企画。おみくじせんべいは魚斎藤にて販売。会話がはずむような、人々がどきどきするような商品の企画をしている。

03 加《か》賀《が》藩《はん》御《ご》用《よう》菓《か》子《し》司《つかさ》 森八《もりはち》

●石川県金沢市大手町10-15
●http://www.morihachi.co.jp

城下町金沢にて、創業以来390年、日本三名菓の一つ。長生殿をはじめとした伝統和菓子を製造販売している。辻占、福徳は金沢の伝統的な迎春菓で販売は12月から正月三が日まで。

04 御菓子司むらもと

●石川県白山市鶴来本町3丁目ヲ7

工芸菓子や季節の和菓子を製造販売。現在3代目のご主人が先人の味と技を受け継ぎ、多くの人に和菓子を通じて幸福を届けている。辻占は年末年始のみの製造販売。

05 金沢 うら田

●石川県金沢市御影町21-14
●http://www.urata-k.co.jp

1936年創業、金沢を伝え、地産地消を行い、日々に寄り添う和菓子作りを行う。辻占は年末年始限定の製造販売で、県花とコラボした春バージョンの「春占」もある。

06 御菓子調進所 山海堂

●石川県加賀市山中温泉湯の本町ク8
●http://www.sankaido.co.jp

1905年創業以来、“たべもの”という域を超えた、五感で味わう和菓子を提供。「そっとひらくと」シリーズは、「日本のおみやげグランプリ2015」にて準グランプリを受賞。

07 お茶の里城南

●静岡県掛川市板沢500-1
●http://www.ochanosato.co.jp

一服のお茶が紡ぐゆとりと安らぎのひとときを。茶どころ静岡から、深蒸し茶を産地直送。「お多福せんべい」は11～12月の期間限定で数量も限られている。

08 長良園

●岐阜県岐阜市北鶉4-30
●http://nagaraen.com

「地域に根ざした文化を香り高いお菓子として社会に提供できる企業でありたい」という理念のもと、素材のおいしさにこだわった、せんべい、クッキーなどを製造販売している。

05 辻占 石川

なぞかけ風の文章

麺棒で飴粉をのし、丸めたおみくじを入れて乾燥させた手作りのお菓子。おみくじには日常生活の気づきや戒め、吉兆などが書かれており、数個をつなげるように読み合わせると、なぞかけ風になる。色も赤、黄、緑、紫、桃など豊富で、お土産としても人気だ。

06 そっとひらくと 石川

感じて味わう
新しいお菓子

最中の皮を開けば、中にはかわいらしい季節の御干菓子と占いのお札が入っている。お札には「万事おもいのままになる」「福がまいこむ」といった52種類の言葉が。春夏秋冬の4種類あり、一年を通して会話に華を添えてくれるので贈り物としても喜ばれる。

07 お宝入りお多福せんべい 静岡

民芸品や
縁起物が出てくる

お正月に多人数で楽しみながら見て、味わえるせんべい。商品名のとおり、中にはおみくじのほか、民芸品や正月向けの縁起物が入っている。おみくじは大勢でわいわい楽しめるようなメッセージの内容。一つひとつ手作りで昔懐かしいみその風味もうれしい。

08 おみくじ入り フォーチュンクッキー 岐阜

新年の運勢を
楽しく占おう

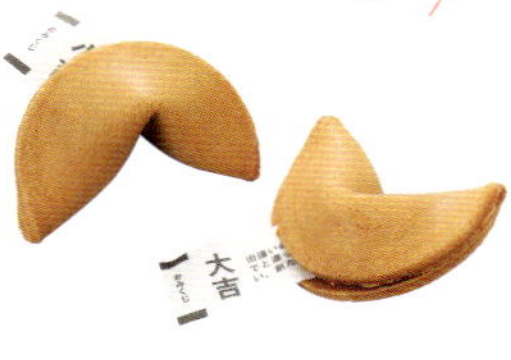

アメリカの中華料理店にあるフォーチュンクッキーが日本のお菓子店に。中身の内容は、吉、小吉、中吉、大吉の4種類で、ひと言メッセージ付き。クッキーの外側に「おみくじ」の文字のみが出ており、わくわく感を助長する。新年、みんなで集まって運勢を占いたい。

おみくじの始祖は変幻自在のイケメンヒーロー

漢詩おみくじの定番「元三大師百籤」を作ったと言われる平安時代の天台宗中興の祖、元三大師こと良源大僧正。かつて彼が住んでいた比叡山横川の元三大師堂には「おみくじ発祥の地」の碑が建つ。このおみくじは史実では中国由来だが、それで片付けるのはもったいないほど、良源は数々の伝説に彩られた魅力的な人物である。まず特徴は、その風貌。肖像では、眉毛がとても長い姿に表される。これが実は、超絶イケメンだったとか。その神通力から朝廷の信頼は篤かったが、宮中に上るたび女性に騒がれて困り、鬼の面で顔を隠したという。この鬼面は、彼が創建した京都の廬山寺（ろざんじ）に残る。鬼に変身して疫病神を退散させた逸話もあり、そのときの姿「角大師」の御札が厄除けのご利益で名高い。鬼ながら、愛嬌ある表情に親しみがわく。分身の術も使うとか。「角大師」とたいていセットで授与される、これまた愛らしい「豆大師」の御札がそれを物語る。こちらは江戸時代に、とある信心深い農民の田を洪水から救ったときの姿。観音様の化身と讃えられ、時代を超えて発揮される「お大師様」のパワーは強大である。比叡山三大魔所の一つとしておそれられる彼の墓、元三大師御廟では、今なお彼の魂が山内を魔物から守っている。

3章　マスコットおみくじ

おみくじには記載の文言以外にも
楽しみ方がある。
その一つが人形をはじめとする
マスコットにおみくじを合わせたもの。
お守りとして所持するのはもちろんだが、
そのマスコットが持つ
いわれや意味を知ると
向き合い方が変わってくる。

神社
北海道

函館の温泉でイカを釣る

◎イカす おみくじ

「地域のたから」北海道弁おみくじ

北海道三大温泉の一つ、湯川温泉発祥の地。温泉街の歴史を感じられる見所の多い神社だ。温泉は、それ自体すでに自然の恵みが湧き出すパワースポット。しかも体を清める癒やしの場だから、神仏を祀るにはふさわしい。こうした寺社に足を運べば、心も芯まで温まる。函館らしい「イカす おみくじ」は「北海道ご当地みくじシリーズ“えぞみくじ”」の一つ。温泉巡りの旅情を盛り上げてくれる。

針を引っかけて釣り上げる！

湯《ゆ》倉《くら》神社《じんじゃ》
●北海道函館市湯川町2-28-1
●http://www.yukurajinja.or.jp

健康長寿　五穀豊穣　安産　夫婦和合

北海道三大温泉の一つ、湯川温泉の発祥の地。境内には「湯の川一の古木である御神木」や「結びの銀杏、湯倉の大銀杏」、「神兎（なでうさぎ）」など見所も多い。

神社
北海道

根室のサンマが福を呼ぶ

◎福ざんまいみくじ

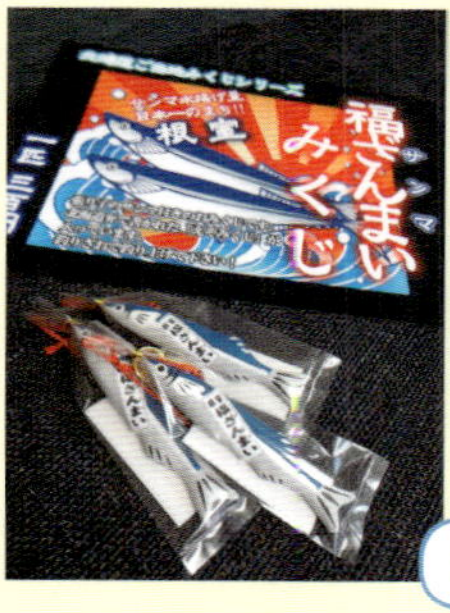

張り子のサンマが付いたおみくじ

金《こ》刀《と》比《ひ》羅《ら》神社《じんじゃ》
●北海道根室市琴平町1-4
●https://www.nemuro-kotohira.com

神職常駐の神社では日本最東端。北方領土に鎮座していた11社の御神体をお預かりし、祀っている。1806年、北洋漁業開拓者の高田屋嘉兵衛が地域の守護神として祀ったのが始まり。

豊漁　海上安全　五穀豊穣　商売繁盛

旅の思い出にご当地みくじ

神職が常駐する神社の中で日本最東端。「福ざんまいみくじ」は、サンマの張り子を釣って引くもので、何よりネーミングが素敵だ。サンマ水揚げ量日本一の根室らしく、その豊かさにあやかり「たくさんの福であふれますように」との想いを込めたダジャレである。こうした各地域の誇りが「北海道ご当地みくじシリーズ“えぞみくじ”」として展開され、北海道弁の運勢にはラッキーな名物・名所もある。今後増えるのが待ち遠しい。

神社
青森

みちのく郷土愛なモノたち

色によって
ご利益が違う

◎八幡馬みくじ

民話と郷土玩具が好きなら行くべし

櫛引八幡宮は、日本三大駒の一つ「八幡馬」という馬の縁起物発祥の地。東北で馬は、人間の力強い相棒かつ神の使いとして大切にされてきた。野趣あふれる彩色が魅力的な「八幡馬みくじ」は、八色＋シークレットの各々違うご利益で、大大吉もあり。そして東北の民話に欠かせない、「カッパみくじ」も。当たりが出たら、金色のかっぱがもらえる。国宝館での、かっぱ提灯と八幡馬の絵付け体験もぜひ挑戦を。

当たりが出たら
金色のかっぱがもらえる

◎カッパみくじ

櫛引八幡宮《くしひきはちまんぐう》

- 青森県八戸市八幡字八幡丁3
- http://www.kushihikihachimangu.com

鎌倉時代より南部藩の総鎮守として人々に尊崇される。本殿をはじめ、国宝赤糸縅鎧などの宝物のほか、八幡宮全体が文化財となっている。鎧の着用、かっぱ提灯・八幡馬の絵付け体験あり。

勝負　安産

神社
岩手

当たればもっとめでタイ

◎鯛みくじ

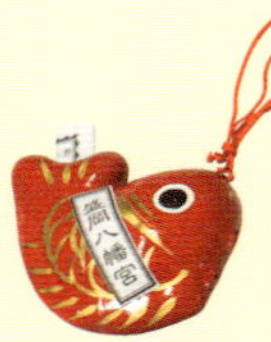

狙って毎年
釣る人もいる

当たりが出たら
特大の張り子がもらえる

岩手県内で最も大きな神社。東北の初夏の風物詩、毎年6月第2土曜日の「チャグチャグ馬コ」という、馬に感謝するお祭りの到着地として名高い。おみくじは、鯛の張り子を釣り竿で釣る「鯛みくじ」が人気。赤と金の2色は、見るからに景気がよい。当たりが出ると、特大の鯛の張り子がもらえる。本物の釣りのように、根気よくリピートして狙ってみてはいかがだろう。めでタイの鯛だけに、凶はない。

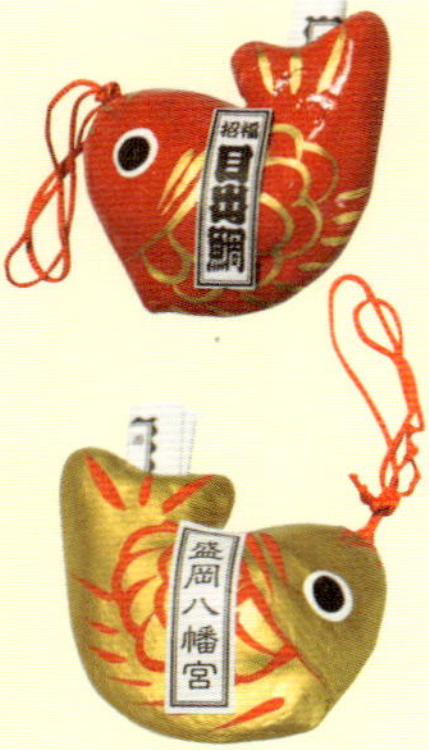

盛岡八幡宮《もりおかはちまんぐう》

- 岩手県盛岡市八幡町13-1
- http://morioka8man.jp/

1680年、第29代南部重信公により建立された神社。農業、工業、商業、学問、衣食住など、人間生活の根源の神として崇敬を集めている。

安産　厄除　八方除　家内安全

神社
宮城

蛇が金運を連れてくる

◎白蛇金運お巳《み》くじ

金蛇水神社《かなへびすいじんじゃ》

- 宮城県岩沼市三色吉字水神7
- http://kanahebi.cdx.jp

商売繁盛、金運円満、厄除けで知られる、蛇神を祀る古社。水清き花の社としても知られ、5月の花まつりでは富の象徴のボタン千数百株、九龍の藤、ツツジが彩りを添える。

金運円満　商売繁盛　厄除開運

大大吉もある！

清らかな水と花で
爽やかに開運

金運のご利益が評判の、蛇神を祀る神社。蛇は古くから水の神で、再生と豊穣のシンボルである。食事処の蕎麦まで、水神宿る当地の地下水を使ったパワーフードだ。当神社の「白蛇金運お巳くじ」は、大大吉ありの金運を占う金色のおみくじで、蛇がパクッとくわえている。無垢・純粋な表情や、思わず頭をなでたくなる姿が、富を象徴する牡丹と、藤の花でおめかしして、ますます愛らしい。

神社
宮城

笑顔がユーモラスな鷽《うそ》4色

◎鷽みくじ

御使者が届ける 菅原道真公の和歌

杜の都の天神様の「鷽みくじ」は、御使者の鷽鳥がモチーフ。通常版は緑色と黄色。赤色は鷽替え神事の日のみ、「幸運の青い鳥」の青色は酉年の限定カラーである。中には、菅原道真公の和歌の書かれたおみくじが入っている。当神社の鷽の独特な愛嬌に一度ハマると、赤色や青色のものも欲しくなり、気付けば全色集めているかもしれない。

通常は緑色と黄色
期間限定で赤色と青色

榴岡天満宮《つつじがおかてんまんぐう》
- 宮城県仙台市宮城野区榴ケ岡105-3
- http://www.tsutsujigaokatenmangu.jp

合格成就　学業上達　安産賢子　児童守護

桜の名所である榴ヶ岡に鎮座。974年に山城国に創建され、数度の遷座を経て、1667年に現在の地に遷座される。国の名勝『おくのほそ道の風景地』に指定されている。

神社
山形

エビで鯛を釣って開運

◎一年安鯛みくじ

巫女さん手作りの
海老で釣り上げる

小さなもので 大きなご利益を

冬になると雪景色の情緒に包まれる荘内神社の鯛みくじがリニューアル。その名も「一年安鯛みくじ」。小さな海老を釣り竿の針に付けて、おみくじの入った鯛を釣り上げるのがユニークだ。これは諺「海老で鯛を釣る」にちなんでおり、おみくじには吉凶と神様からのお言葉が書かれている。ちなみに海老は巫女さんの手作り。たらいに入った鯛（幸福）を自身の手で引き寄せて、一年間の安泰を手に入れよう。

荘内神社《しょうないじんじゃ》
- 山形県鶴岡市馬場町4-1
- http://jinjahan.com

開運招福　厄除

鶴ヶ岡城本丸址（鶴岡公園内）に鎮座。旧荘内藩主酒井公を祭神に、庄内一円の守り神として崇敬を集める。鶴岡公園は日本桜100選。宝物殿には貴重な歴史品が展示されている。

各地の天満宮の鷽替え神事は、前年の悪いことを「ウソ」に「トリ」替える意味合い。

神社
山形

縁結びのうさぎに導かれて

◎結うさぎ

日本最古のプロポーズにあやかるおみくじ

本殿裏にうさぎが三羽隠し彫りされており、すべてを見つけると「願いが叶う」と言い伝えられている。「結うさぎ」はこの伝説にちなみ、縁起のよい動物として親しまれてきたうさぎをモチーフにしたお守りで、尾の部分におみくじが付いている。神話では、熊野大社の男性と女性の神様が交わした言葉が日本最初のプロポーズと言われており、お守りにも縁結びのご利益があるとされている。

うさぎに願いごとをするとよい

熊野大社《くまのたいしゃ》
- 山形県南陽市宮内3707-1
- http://kumano-taisha.or.jp

縁結び　良縁祈願　夫婦円満　交通安全

806年に平城天皇の勅命により再建。後に天台宗、真言宗、羽黒修験、神道の四派も加わり、熊野修験の霊場として栄えた。伊達政宗の安堵状が残されている。

神社
茨城

本気で願いが叶うと大人気

◎鹿島の帯占い

4本の紐を2組に結ぶ！
鹿島の帯占い

鹿島神宮《かしまじんぐう》
- 茨城県鹿嶋市宮中2306-1
- http://kashimajingu.jp

武道必勝　安産

御祭神は日本の建国に挺身された「武甕槌大神」。現在の社殿は徳川秀忠、奥宮は徳川家康、楼門は水戸初代藩主徳川頼房によって奉納されたもので、いずれも重要文化財。

現代にだって不思議なことはある

神事の「鹿島の帯占い」は、神功皇后の腹帯と伝わるご神宝「常陸帯（ひたちおび）」に由来する。明治以前は、実際に帯を使って縁結びを占った。これが現代に復活。包みから覗く紐の端4つを、2つずつ結び、開けたときの状態で願いごとの成否を占う。今は縁結びに限らず、特にアスリートの間で、よい結果の紐を持っていれば勝てると評判である。鹿島の神様は元々戦いに強いことも あってか、実に神秘的だ。

神社
千葉

港町らしい名産の魚たち

カツオとキンメは
勝浦の名産

◎勝男みくじ

◎金女みくじ

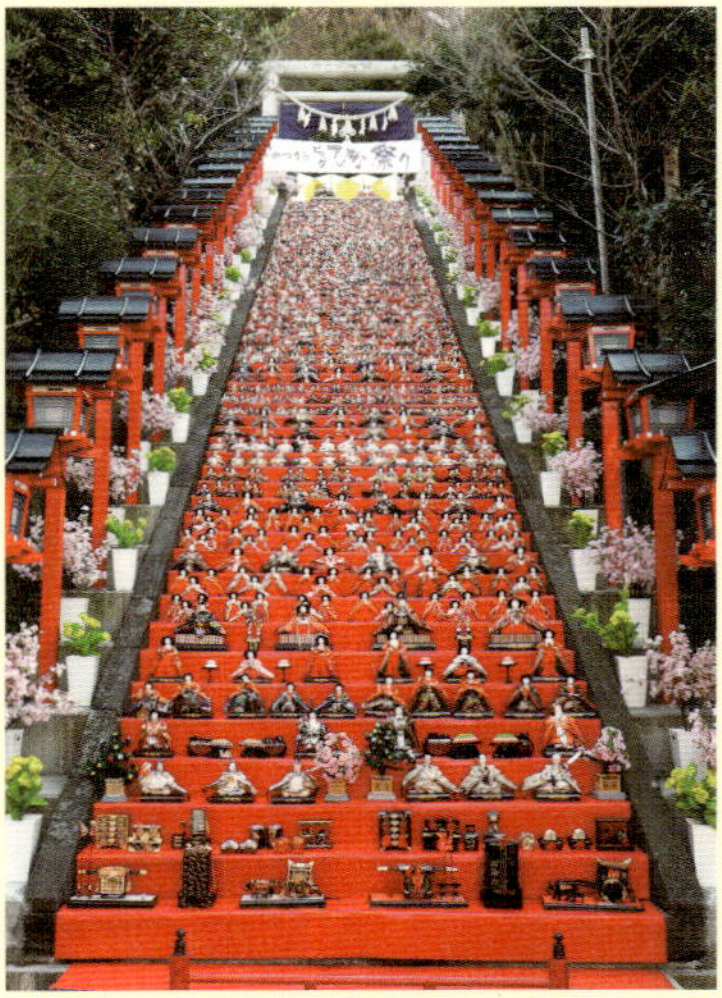

60段の石段に約1,800体もの雛人形が飾られた光景。

男女のペアで縁結びに効くかも

毎年行われる「かつうらビッグひな祭り」では、町中に趣向を凝らした雛人形が飾られる。その中でも押しも押されもせぬメイン舞台となるのが、当神社の石段。六十段に約千八百体もの雛人形がぎっしりと並ぶ様は、見上げる限り壮観のひと言だ。おみくじは、勝浦名産のカツオ「勝男みくじ」と金目鯛「金女みくじ」の、ほかでは見られない張り子。ご当地らしい男女ペアを揃えれば、お内裏様とお雛様のような良縁が叶うかも。

遠見岬神社《とみさきじんじゃ》

- 千葉県勝浦市浜勝浦1
- http://www.tomisaki.or.jp

開運　勝運　恋愛成就　お水取り

房総半島に技術と文化をもたらした天富命をお祀りする古社。勝占忌部須須立命という人がその神霊を祀った創始者とされ、この勝占の名が「勝浦」の地名になったとも。

神社
栃木

5色の鯉でさまざまなご利益

◎五行の鯉みくじ

鯉のストラップ付き！

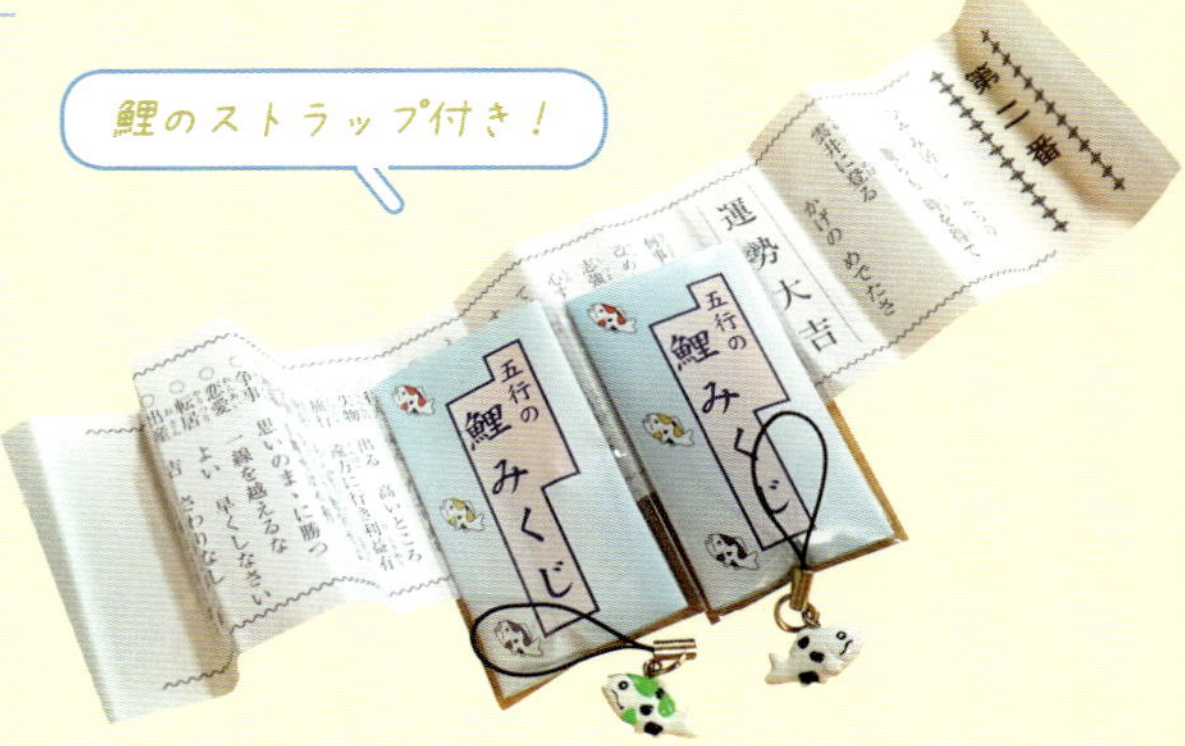

昔から鯉は神様のお使い

日本一の巨大なえびす様で有名。境内東を流れる五行川には、たくさんの鯉が悠々と泳ぐ。古くから、大前神社の神様のお使いは鯉とされてきた。鯉は恋にも通じ、滝を昇れば竜になるとも言われる出世のシンボルで、どこを取っても縁起のよい魚なのだ。「五行の鯉みくじ」にも、鯉のストラップが入っている。中身には和歌、吉凶、全般的な運勢が書かれているが、「鯉＝恋」だけに、恋愛の項目は特に注目したい。

延喜式内《えんぎしきない》 大前神社《おおさきじんじゃ》

- 栃木県真岡市東郷937
- http://www.oosakijinja.com

開運招福　厄除　縁結び

いちごとSLの町・真岡市に鎮座し、1500年余の歴史を誇る。だいこく様とえびす様が御祭神であり、大きなえびす様の像がそびえる。近年は宝くじ当選祈願に多くの人が訪れる。

神社
東京

かえるが「かえる」運勢占い

◎かえるおみくじ

期間限定のおみくじ

十番稲荷神社《じゅうばんいなりじんじゃ》

- 東京都港区麻布十番1-4-6
- http://www.jubaninari.or.jp

戦災で焼失した末広神社と竹長稲荷神社を現在地に換地し、合併した神社。港七福神めぐり（港区の中心地にある社寺を参拝する）にて、宝船の巡拝所でもある。

家内安全　商売繁盛　合格祈願

特別な日だけのレアなおみくじ

水を吹いて家を火事から守ったという、大かえるの伝承を受け継ぐ神社。これにちなむお守りには、転じて「無事かえる」、「お金がかえる」などのご利益も。かえるのコイン「満願金貨」に同封されるのが「かえるおみくじ」。運勢も「〇〇かえる」などの語呂合わせで表され、鳥獣戯画風のユーモラスな挿絵が楽しい。なお満願金貨は、お正月、納涼まつり、酉の市の期間限定なので、お見逃しなく。

神社
東京

夫婦の神猿像で縁結び

◎神猿《まさる》みくじ

ストラップには 7種のご利益

江戸開拓当初から江戸の守り神と敬われ、1659年（万治2年）に江戸城の鎮守として、裏鬼門の現在地に移された。境内には夫婦の猿の石像があり、特に子どもを抱く女性の神猿はやさしげな姿で、なでると縁結びや子宝祈願に効くという。「神猿みくじ」は神猿ストラップ付き。全7色で、色ごとにご利益が違う。7色には、7種の災いを退け、7種の福を招くという意味もある。全部揃えたら、かなりラッキーかもしれない。

日枝神社《ひえじんじゃ》

●東京都千代田区永田町2-10-5
●http://www.hiejinja.net

江戸城の鎮護、徳川将軍家の産土神として崇敬された。永田町という土地柄、政治経済、芸能関係者の参拝も多い。宝物殿には宝剣31口ほか、徳川家ゆかりの宝物が多数。

安産　商売繁盛　子孫　厄除

神社
東京

イケメン狐コンビを傍に

◎きつねみくじ

狐の持ち物は 金運上昇アイテム

繁華街の真っ只中に位置する、江戸時代以前から新宿を守ってきたお稲荷様。11月の酉の市は浅草と肩を並べるほど大規模で、なつかしの見世物小屋も出る。「きつねみくじ」は、お稲荷様のお使いの白狐。2種類揃えると向かい合わせて飾れるので、神社の狛狐さながらの雰囲気が自宅で味わえる。口にくわえているのはそれぞれ、巻物と宝珠。知恵と豊かさを表す、お稲荷様の金運上昇アイテムだ。

よく見ると
表情が違う！
花園
神社

花園神社《はなぞのじんじゃ》

●東京都新宿区新宿5-17-3
●http://www.hanazono-jinja.or.jp/mt/top/

縁結び　夫婦和合　子宝

江戸開府以前から新宿の総鎮守として信仰を集め、今も都会のオアシス的存在で、朱塗りの鮮やかな社殿には人影が途絶えない。末社の威徳稲荷神社は縁結びの神様として人気。

江戸の町は平安京に倣って、現在皇居となっている江戸城を中心に風水などに基づき設計された。

神社
東京

災難を転がし吉にする

◎災転みくじ

縁起物も入っている!
第十九番
おみくじ

サイコロの中に 6種類の縁起物

某キャラメルではない。必ず目(芽)が出る、サイ(災)を転じて福となす、という縁起物サイコロがモチーフの「災転みくじ」だ。中には金色の小さな縁起物が入っている。サイコロの目と同じ1～6の数に関わったこの縁起物は、4なら四つ葉のクローバー、5なら五芒星など、必ず数字にちなんでいるのが愉快だ。サイコロの目がたとえ1でもまた転がして進めば、と前向きになれそう。おみくじはランダムで、吉凶と運勢がシンプルにわかりやすく書かれている。

天祖神社《てんそじんじゃ》

● 東京都豊島区南大塚3-49-1
● http://www.tensojinjya.com

縁結び　安産　延命長寿

旧巣鴨村の鎮守様で、鎌倉時代末に伊勢の皇大神宮の神様をお祀りしたのが起源。境内には樹齢600年と言われる夫婦銀杏がある。授乳中の子育て狛犬もお見逃しなく。

お寺
神奈川

かっぱさんに会いに行こう

◎かっぱのおみくじ

かわいらしさに 秘めたる水神の力

水の神様かっぱに魅せられた住職の、かっぱ愛があふれたお寺。境内では300体以上のかっぱに会える。「かっぱのおみくじ」はすべて手作りで、1体として同じ顔はない。目が合ったら、きっと運命の出会いだ。持ち帰って飾れば癒やされるうえ、かっぱさんの力で火伏のお守りにも。中には、超大吉～凶と人生のアドバイス「かっぱのひとりごと」が書かれている。超大吉なら、ささやかなプレゼントももらえる。

同じ表情は
ほかに一つとない

花《はな》のお寺《てら》 常泉寺《じょうせんじ》

● 神奈川県大和市福田2176
● http://www.jousenji.com

1588年の創建とされる曹洞宗の寺院。境内には数多くのかっぱさんが住んでいて、かっぱ七福神が人気。四季折々の花が咲き、「花のお寺」として大勢の参拝がある。

家門繁栄　家内安全　無病息災　防火火伏

神社
福井

しだれ桜の巨木に胸が一杯

結びどころも
しだれ桜のよう

◎しだれ桜みくじ

本物とおみくじで二度楽しめる名所

境内に入ると目に飛び込んでくるのは、堂々たるしだれ桜の巨木。樹齢370年以上の天然記念物だ。このしだれ桜をイメージした「しだれ桜みくじ」では、満開の枝先さながら、たわわに連なって吊り下げられた桜色の四角錘を一つ選んで引っ張る。まるで花のつぼみのように開くと、中には桜型の鈴根付けが入っている。おみくじの内容は吉凶と一般的な運勢。お花見の後には、桜の花が告げる幸運の予感に胸躍らせてみよう。

樹齢370年以上のしだれ桜は天然記念物。

越前祖神《えちぜんそしん》 足羽神社《あすわじんじゃ》

●福井県福井市足羽上町108
●http://www.asuwajinja.jp

足羽山に鎮座し、1500有余年の歴史と信仰を持つ、越前祖神と称される神社。主祭神は継体天皇。境内にある天然記念物のシダレザクラとタカオモミジも見所の一つ。

子孫　安産　工事安全　厄除

極楽と地獄をデスクの上に

幸せの秘訣は
両方にあり

善光寺と言えば牛。「しあわせ牛守」はお守りを角に結んだ姿がキュートだ。おみくじは体の中に入っている。数え年で七年に一度の御開帳期間と正月期間中には金銀バージョンも出る。「牛に引かれて善光寺参り」のとおり、幸せに導く心がけのアドバイスが。一方、「閻魔守」の閻魔様からは厳しい喝。おみくじが鏡文字なのは、引いたその場で「浄玻璃の鏡」に映すと読める仕掛けだ。二つあわせて現世・来世の極楽を目指そう。

◎しあわせ牛守（みくじ付）

角にお守りが
付いている

◎閻魔守（みくじ付）

おみくじは
鏡文字になっている

写真提供：善光寺

善光寺《ぜんこうじ》

● 長野県長野市大字長野元善町491-イ
● https://www.zenkoji.jp

創建以来、約1400年にわたり、法灯を護持してきた古刹。本尊の一光三尊阿弥陀如来は日本最古の仏像と言われ、絶対秘仏である。参拝者が多く、特にお朝事の参列が人気。

極楽往生　所願成就

閻魔大王は、やさしげな姿のインドの神ヤマがルーツ。最初に亡くなった人間とされる。

お寺 長野

伝説がおみくじでよみがえる

◎霊犬 早太郎おみくじ

素焼きの愛らしい姿

人々を救った早太郎に感謝

約 700年前、光前寺に早太郎というとても強い犬が飼われていた。そのころ、遠州の見付村（現在の静岡県磐田市）で、村の娘が怪物の生け贄にされていたのだが、あるとき早太郎が娘の代わりに怪物と戦い、村を救ったという伝説がある。その後、早太郎は息絶えてこのお寺で供養された。「霊犬 早太郎おみくじ」は、強い早太郎でありながらかわいらしい姿。おみくじを読んでから飾れば、頼もしい厄除守りになる。

光前寺（こうぜんじ）
● 長野県駒ヶ根市赤穂29
● http://www.kozenji.or.jp

厄除　家内安全　交通安全　安産

本聖上人が比叡山にて研学修行の後、太田切黒川の滝の中より不動明王の尊像を授かり開基。樹齢数百年の杉の巨木に囲まれた境内には、十余棟の堂塔を備えている。

神社 岐阜

恋と元気をダブルでいただく

◎いなばさん恋みくじ　◎逆立ち狛犬みくじ

花模様の和紙袋

底のシールをはずしおみくじを出す

心が洗われ元気をもらえる

地 元の人々に「いなばさん」と親しまれている伊奈波神社。「いなばさん恋みくじ」は幅広く恋愛にご利益があるもので、さまざまな花の模様をした和紙の袋に入っている。また、運気上昇のご利益がある「逆立ち狛犬みくじ」も人気だ。これは神門にある逆立ちした狛犬をモチーフにしたもので、全国的にもとても珍しい。黄色の陶器におみくじが入っており、見た目からして元気をもらえそう。

伊奈波神社（いなばじんじゃ）
● 岐阜県岐阜市伊奈波通り1-1
● http://www.inabasan.com

五十瓊敷入彦命のご偉徳を偲び稲葉山に鎮斎されたのが始まり。以来1900年余にわたり、地域住民や参拝者に「心のふるさと」として親しまれている。

家内安全　商売繁盛　安産　交通安全

101　お寺の山門にいる仁王様のルーツは、最初は2人組ではなく1人だったそう。

神社
静岡

おみくじに宿る女神の力

◎富士山みくじ

富士山の恵みを感じる聖域

カラフルな
富士山が登場

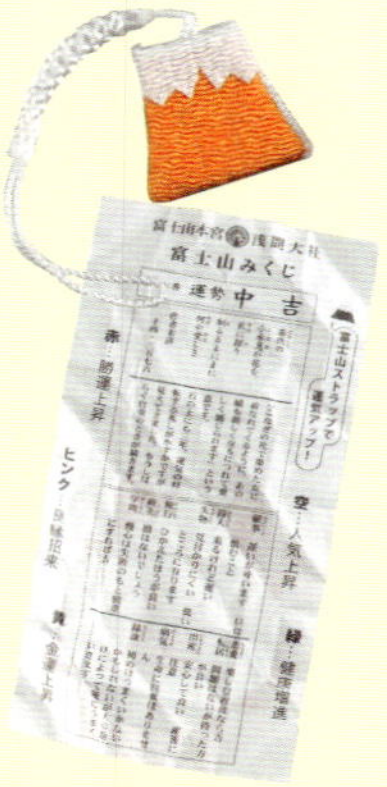

富士山をご神体として祀る、世界文化遺産の一部。澄みきった湧玉池には、富士山の地下水が湧き出す。主祭神は、富士山と桜の女神、木花咲耶姫(コノハナサクヤヒメ)。神話では、炎の中で無事出産したというのが、火山のイメージにつながる。この女神をかたどった「富士山みくじ」も、「富士山ストラップ守」が女神の中から出てくるところは、どこか出産を思わせ趣深い。お守りは全5種の色とご利益がある。

富士山本宮浅間大社《ふじさんほんぐうせんげんたいしゃ》

●静岡県富士宮市宮町1-1
●http://fuji-hongu.or.jp/sengen/

世界文化遺産「富士山」構成資産。創建は紀元前27年。頂上に奥宮、八合目以上を境内地とした。全国唯一の2階建ての本殿、富士山の雪解け水が湧く特別天然記念物の「湧玉池」がある。

安産　縁結び　家内安全　交通安全

神社
静岡

女神が告げる女の運勢

◎さくや姫みくじ

社殿の美に見る駿府の歴史

桜と富士山の神様が
おみくじに!

今川氏と徳川氏が本拠地としていた駿府城公園から近く、両氏ともに崇敬篤かった神社。家康が元服したのもここだった。江戸幕府が造営した、26棟もの社殿群はすべて総漆塗り極彩色で、その豪壮華麗さに圧倒される。おみくじのモチーフ「さくや姫」は、富士山と桜の女神。裏側は富士山の絵柄で、中には桜のお守りが入っている。内容は得意分野の縁結びと安産をメインとした各種運勢項目だ。

静岡浅間神社《しずおかせんげんじんじゃ》

●静岡県静岡市葵区宮ケ崎町102-1
●http://www.shizuokasengen.net

萬願成就　安産　縁結び　商売繁盛

2000年以上の歴史を誇り、徳川幕府の直営工事で造られた社殿群26棟は重要文化財。徳川家康が元服した神社でもある。境内の7社の御朱印を集めれば願いが叶うという。

神社
愛知

豊穣を祈る、子宝への賛歌

◎夢みくじ

姫神と彦神のお守り付き

原初的な信仰のおおらかさ

大男茎形を担いで豊穣繁栄を祈る奇祭「豊年祭」の舞台として世界的に人気。境内には、至るところに男性のシンボルがある。愛らしい姫神と彦神のお守りがおみくじを抱える「夢みくじ」も、当神社の御神徳（神の恵み）を体現している。艶っぽい大人な和歌が男女の営みをことほぎ、各運勢は愛情と子宝に特化。カップルで引けば、熱く燃え上がることだろう。ほかにも「招き猫おみくじ」など、多数のおみくじが楽しめる。

「招き猫おみくじ」もある！

田縣神社《たがたじんじゃ》
●愛知県小牧市田県町152
●http://www.tagatajinja.com

古来より五穀豊穣、子孫繁栄、開拓の祖神として崇められている。毎年3月15日の「豊年祭」は、檜で作られた男性シンボルの御神輿を担ぐ奇祭として世界的に知られる。

五穀豊穣　子孫繁栄

神社
愛知

天神様への愛があふれてる

◎天神みくじ

赤、黄、緑の3色がある！

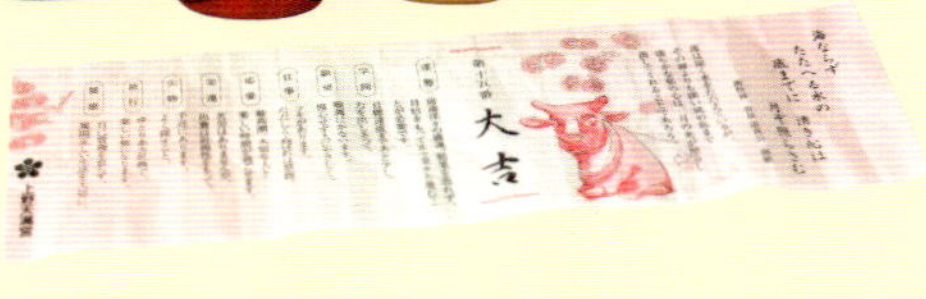

細かいところにまでこだわりが光る

お祀りしている学問の神様、天神様こと菅原道真公をかわいくデフォルメしたのが「天神みくじ」。赤、黄、緑の3種類ある。内容は菅原道真公の詠んだ和歌で、全25首。彼の誕生日も月命日も25日で、25はご縁日という、関わり深い数なのだ。用紙は菅公の愛した梅をイメージする淡いピンクに、お使いの牛をあしらう。和歌の内容と運勢が占いとしてきちんと対応しているところにも、行き届いたこだわりを感じる。

上野天満宮《うえのてんまんぐう》
●愛知県名古屋市千種区赤坂町4-89
●http://www.tenman.or.jp

学問向上　厄除開運

平安中期に安倍晴明一族がこの地方に居住したと言われ、その折に菅原道真公を偲び、御神霊をお祀りしたのが始まり。名古屋三大天神の一つで「願かけ神牛」も有名。

牛は天神様のお使いとされ、各地の天満宮には牛の像がたくさんある。天神様は丑年生まれ。

神社
愛知

犬の王が災難を撃退する

◎ ‘開運’いぬみくじ

不思議な伝説の
強力開運パワー

その昔、この地を洪水から救った不思議な御幣があった。中には、「犬の王」と書き添えられた犬の絵が描かれていたという。これを埋め祀ったのが当神社の犬石像の社の始まりである。この像をモチーフに人形とした「‘開運’いぬみくじ」も、災難から守り幸運を呼んでくれる。中身にまで犬の王が描かれていて、ご利益が増しそうだ。凶はなし。人形は神棚やお札立てなどに祀るとよい。

おみくじにも
犬のイラスト

伊奴神社《いぬじんじゃ》

●愛知県名古屋市西区稲生町2-12
●http://www.inu-jinjya.or.jp

安産　子授　厄除

673年建立で1340年余の歴史を持つ。祭神、伊奴姫神様は安産、子授けに大きなご神徳をいただける神様で、境内にはそれらにご利益のある犬の石像が奉献されている。

神社
三重

椿はみちびきのお守りになる

◎椿恋みくじ

お守りチャームが
入っている

伊勢物語で
恋路の道案内

社名の「つばき」とは、みちびきを意味する「道別《ちわき》」の語感から出たという。道案内の神、猿田彦（サルタヒコ）を祀る総本宮。きれいな椿の形に折られた「椿恋みくじ」を開くとさらに椿のお守りチャームが入っている。全３色で、巫女さんチャームが出ることも。ご当地感ある伊勢物語の和歌と、恋に関する細かい項目で占う内容だ。愛をさまよう人生の旅路を描いた伊勢物語は、恋愛に悩んだとき道標になるかもしれない。

椿大神社《つばきおおかみやしろ》

●三重県鈴鹿市山本町1871
●http://tsubaki.or.jp

土地家屋敷守護　開運厄除　方災解除

猿田彦大神を主神とし、伊勢国鈴鹿山系の中央麓に鎮座する。紀元前３年、倭姫命の御神託により、この地に「道別大神の社」として社殿が奉斎された日本最古の神社。

巫女さんと女子神職（女性の神主さん）は混同されがちだが、資格がまったく違う。

神社
三重

恋を応援する芸能の女神

◎佐瑠女《さるめ》神社 恋みくじ

アメノウズメの魅力を目指したい

境内の佐瑠女神社に祀られるのは、本社の祭神猿田彦（サルタヒコ）の妻と言われる、芸能の女神天宇受売命（アメノウズメノミコト）。神話では踊りで神々を笑わせ、そのにぎわいで、引きこもっていた太陽の女神（天照大神）を外に出させた。千代紙の「恋みくじ」を開くと、中にはカラフルな鈴。鈴は参拝や神楽のとき鳴らすもので、神様を喜ばせる音だ。神々さえ惹きつける魅力で、恋を叶える力を貸してくれそう。

猿田彦神社《さるたひこじんじゃ》

- 三重県伊勢市宇治浦田2-1-10
- http://www.sarutahikojinja.or.jp

方除　みちひらき　商売繁盛

天孫降臨の際、神々の道案内をされた猿田彦大神をお祀りする神社。芸能・縁結びの神、天宇受賣命をお祀りする佐瑠女神社、京都画壇で活躍した伊藤小坡の美術館もある。

神社
滋賀

魔除け力がすごい、まさるさん

◎神猿《まさる》みくじ

家を守ってくれる
お使い猿

お部屋に飾って方位除けに

平安京の鬼門を守ることから、方位除けのご利益もあるとされる「山王さん」。お使いは猿で、「魔が去る」、「勝る」の「まさるさん」と呼ばれる。室町時代から境内で飼われ、野生も多く生息。境内のさまざまな猿モチーフ探しも楽しい。そんな「まさるさん」のおみくじ「神猿みくじ」は、金と茶の２色。底面の赤い糸を引っぱると、おみくじが出てくる。持ち帰って玄関か家の北東に飾れば、魔除けや災難除けになる。

日吉大社《ひよしたいしゃ》

- 滋賀県大津市坂本5-1-1
- http://hiyoshitaisha.jp

2100年前に創建され、比叡山の神を祀る全国3,800社の日吉・日枝・山王神社の総本宮。境内にある約40のお社の神様の総称を「日吉大神」と呼ぶ。約3,000本の紅葉も見所。

方除　厄除

平安京の鬼門を守る日吉大社のお使いが猿なので、猿は古くから建物の魔除けに。

神社
京都

まんまる狐はオンリーワン

◎キツネみくじ

かわいくて、しかも縁結びパワー抜群

伏見の広大な稲荷山の中には、伏見稲荷大社以外にもさまざまな稲荷神社などの寺社がある。その一つ、知る人ぞ知る荒木神社。かわいい狐をかたどった「キツネみくじ」の顔は手描きで、それぞれの味わいがある。中身はわかりやすく運勢が書かれており、英文も併記されている。これとは別に、3体1組の狐の土人形を社務所で受け、神前に持っていき祈願してから自宅に祀ると、恋愛や仕事の縁を結んでくれる。

目が合った
狐を選ぶとよい！
荒木
神社

荒木神社《あらきじんじゃ》

●京都府京都市伏見区深草開土口町12-3
●http://arakijinja.jp

商売繁盛　家内安全

伏見の稲荷山に位置し、荒木大神、白砂大神、荒玉大神の三神を祀る。伏見稲荷の脇の参道を通ってたどり着く。境内末社に縁結びの神「口入稲荷大神」を祀る。

神社
京都

卵の中には、開運の孔雀

◎くじゃくみくじ

卵の中は
おみくじと折り紙

会いにいける神社のアイドル

全国の田中姓の祖となった集落の氏神。田中さんならぜひとも訪れておきたいところだが、そうでなくても必見の人気者がいる。それはなんと、本物の孔雀だ。サーカスから縁あって贈られた孔雀もいて、きれいなうえに人なつこく癒やされる。これにちなんだ「くじゃくみくじ」では、卵の中からおみくじとともに折り紙の孔雀が登場する。何色かはお楽しみ。開運を祈念して折られた孔雀は、卵型ケースごとお守りに。

田中神社《たなかじんじゃ》

●京都府京都市左京区田中西樋ノ口町1

祭神・大国主命を祀り、古くから産土神として地元の人々の信仰を集めてきた神社。孔雀たちがお出迎えしてくれる。また「田中」の姓の発祥地とも言われている。

縁結び　厄除　開運

お寺 京都

ねねと秀吉、愛の軌跡

衣装が選べる！全４種

◎秀吉くん ねねちゃんおみくじ

良縁と出世にあやかりたい

気品ある佇まいに、秀吉の正室ねねの愛情が詰まったお寺。絢爛かつ繊細な高台寺蒔絵が、幽玄の世界へと誘う。「秀吉くん ねねちゃんおみくじ」は、中に二人からのお告げが入っている。各運勢は扇子とハートのバロメーターでわかりやすい。五円玉のようなカラフルな「御縁玉」付きの「縁結びおみくじ」も人気上昇中だ。どちらも境内の天満宮売店で引ける。互いに助け合い出世した、ねねと秀吉の良縁にあやかろう。

御縁玉は全７色

◎縁結びおみくじ

写真提供：高台寺

高台寺《こうだいじ》

- 京都府京都市東山区高台寺下河原町526
- http://www.kodaiji.com/

東山霊山の山麓にある寺院。豊臣秀吉の正室、北政所ねねが秀吉の菩提（ぼだい）を弔うために、1606年に開創。ねねと秀吉を祀る霊屋内部の「高台寺蒔絵」は全国的に知られ、茶道体験も行っている。

円満幸福　立身出世

神社
京都

黄金に輝く金運おみくじ

◎御金《みかね》みくじ

金色づくしで
お守りも付く

二条城近くの静かな街並みを歩いていると、何気なく現れる黄金色の鳥居。その名の通り、金運のご利益で知られる御金神社だ。御祭神は鉱山や金属の神様で、お金を生み出す力を象徴する。株や資産運用の成功、宝くじ当選祈願などで人気。「御金みくじ」は、ご神木イチョウの葉の形をした袋に、おみくじと金色のマル金ストラップの縁起物が入っている。これで大大吉まで出れば、怖いものなし。

マル金ストラップの縁起物

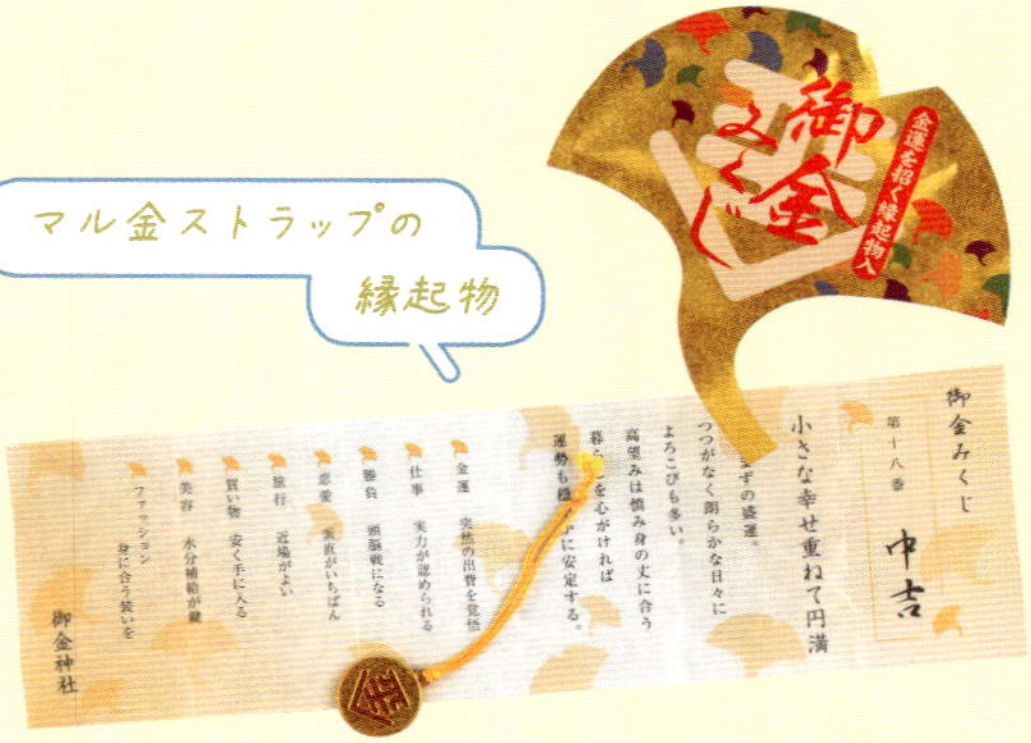

御金神社《みかねじんじゃ》
●京都府京都市中央区
押西洞院町614

開運　金運

京都の中心、町家の並ぶ小路にたたずむ神社。金運上昇のご利益があるとされ、金色に輝く鳥居や屋根瓦の「金」の文字、金色の狛犬の目など、至るところで「金」が見られる。

神社
京都

正しい人のピンチを救う猪

◎猪みくじ

陶器の置物タイプ

護王神社《ごおうじんじゃ》
●京都府京都市上京区
烏丸通下長者町下ル桜鶴円町385
http://www.gooujinja.or.jp

京都御所の西側に鎮座し、和気清麻呂公を祀る。災難に遭った清麻呂公が300頭もの猪に助けられたことから、境内には狛猪があり「いのしし神社」と呼ばれ親しまれている。

足腰の健康　快復

猪だらけの神社で
気分も猪突猛進

和気清麻呂公を祀る、通称いのしし神社。奈良時代に、道鏡という僧が嘘をついて自ら天皇になろうとしたのを、和気清麻呂公が阻止した。道鏡の逆恨みで酷い目に遭った和気公だが、300頭もの猪に救われたという。このとき足の大けがも治ったことから、足腰の神様とされた。境内は猪だらけで、おみくじも猪。信念を曲げない和気清麻呂公のイメージにも重なる猪は、心が折れそうなとき勇気をくれる。

和気清麻呂公は、明治23年から昭和20年ごろまで10円札の図柄に採用されていた。

神社
京都

ポップなカラフルうさぎ

◎うさぎみくじ

淡い色がかわいい
4色のうさぎ

世界遺産見学のお土産に

日本最古の本殿があり、世界遺産に登録されている神社。本殿はもちろん、拝殿も国宝だ。宇治という字は、その昔、うさぎの道「菟道（うじ）」と書いたという。御祭神も、うさぎに案内されてこの地にやって来たと伝わる。これにちなむ、うさぎの授与品が多い。「うさぎみくじ」は全４色で、ラムネやマシュマロを思わせるパステルカラーがおしゃれ。たくさん受けて、お菓子のようにみんなに配っても楽しいかも。

宇治《うじ》上神社《かみじんじゃ》
●京都府宇治市宇治山田59

病気平癒　学業成就　安産

創建は文献などがなく不明だが、年輪年代測定法により、本殿は1060年、拝殿は1215年に建立されたと推測される。本・拝殿ともに現存する神社建築では最古である。

神社
京都

やさしく見守る道案内うさぎ

◎みかえり兎おみくじ

振り返った姿のうさぎは
ここだけのもの

宇治《うじ》神社《じんじゃ》
●京都府宇治市宇治山田1
●http://uji-jinja.com

菟道稚郎子命を御祭神とし、宇治の氏神様として崇敬され1700年の歴史がある。本殿は鎌倉初期の建造物で祭神の木像とともに国の重要文化財。「見返り兎」の舞台としても有名である。

学業成就　安産成就
受験・試験合格

正しい道へ導くお守りに

創祀1700年以上という、大変歴史が古い神社で、鎌倉時代初期の本殿と御神像が重要文化財だ。御祭神を当地へ連れてきたうさぎは、何度も振り返りながら道案内したと言われている。そんな伝説から、「みかえり兎おみくじ」もやさしい姿に。すっきりしたシルエットには、どこか神々しさが漂う。御祭神は学問の神様なので、うさぎにデスクで見守ってもらうと勉強や仕事がはかどりそう。

神社
京都

ペアで向かい合う仲よし鳩

◎鳩みくじ

未分や平といった
変わった吉凶もある

ユニーク吉凶の奥深さにも注目

平安京を守り続けた八幡様。お使いの鳩のおみくじ「鳩みくじ」は、すべて手作り。向きが対で2種類あり、揃えて飾ると仲よさげで微笑ましい。内容は、一般的な吉凶に加え「未分（いまだわかれず）」と「平（たいら）」があるのが特徴だ。さらに、上昇運、安定運、下降運のいずれかを添える。よって、大吉なのに下降運、凶だけれど上昇運などもあり、複雑で奥深い内容となっている。おみくじの読み方を考えさせられる。

石《いわ》清《し》水《みず》八《はち》幡《まん》宮《ぐう》

● 京都府八幡市八幡高坊30
● http://www.iwashimizu.or.jp/

厄除開運　必勝　交通安全　家内安全

創建以来、都の裏鬼門を守護する王城鎮護の神として、全国より「やわたのはちまんさん」と親しまれ、尊崇を寄せられる。三大勅祭の一つ「石清水祭」も有名。

お寺
京都

鳩が幸せを運んでくる

◎幸福鳩みくじ

止まり木（おみくじ）に
佇む姿がかわいい

六角堂《ろっかくどう》 頂法寺《ちょうほうじ》

● 京都府京都市中京区
六角通東洞院西入堂之前町248
● http://www.ikenobo.jp/

本堂が六角形であることから、六角堂の通称で親しまれる。聖徳太子創建と伝えられ、御本尊は如意輪観音菩薩。池坊が代々住職を務め、いけばな発祥の地としても有名。

無病息災　病気平癒　技芸上達

京都の中心で幸福を呼び込む

オフィス街の真っ只中にありながら、心落ち着く憩いの場。京都の中心と言われる「へそ石」があり、まさしく街の真ん中だ。境内には鳩がたくさん集まり、眺めているとなぜかほっとする。実はこの鳩、幸運のシンボルということで、かわいいおみくじになっている。季節によっては色違いもあるので、近くに来たら立ち寄ってチェックしよう。幸せを運ぶおみくじなので凶はなく、プチギフトにも最適だ。

平安京は風水などの呪術に基づき造営されていて、寺社の配置にもその影響がみられる。

神社
京都

哲学の道の珍しいお土産

3本足が特徴の八咫烏は熊野のシンボル

◎八咫烏《やたがらす》のおみくじ

レトロなマッチでいつでもおみくじ

哲学の道の入り口にある、桜や紅葉の名所。熊野三山への信仰篤かった後白河法皇が、熊野の神々を祀った京都三熊野の一つだ。熊野のシンボル八咫烏のおみくじは、キョトンとした目つきに心が和む。珍しいのは、「おみくじマッチ」。レトロなデザインの箱に入ったマッチを穴から振り出し、出てきたマッチの頭の色で、いつでも気軽に吉凶が占えるすぐれものである。おみくじグッズの中でも、古くからあるものなのだろう。

マッチの色で運勢を占う 何回引いてもOK！

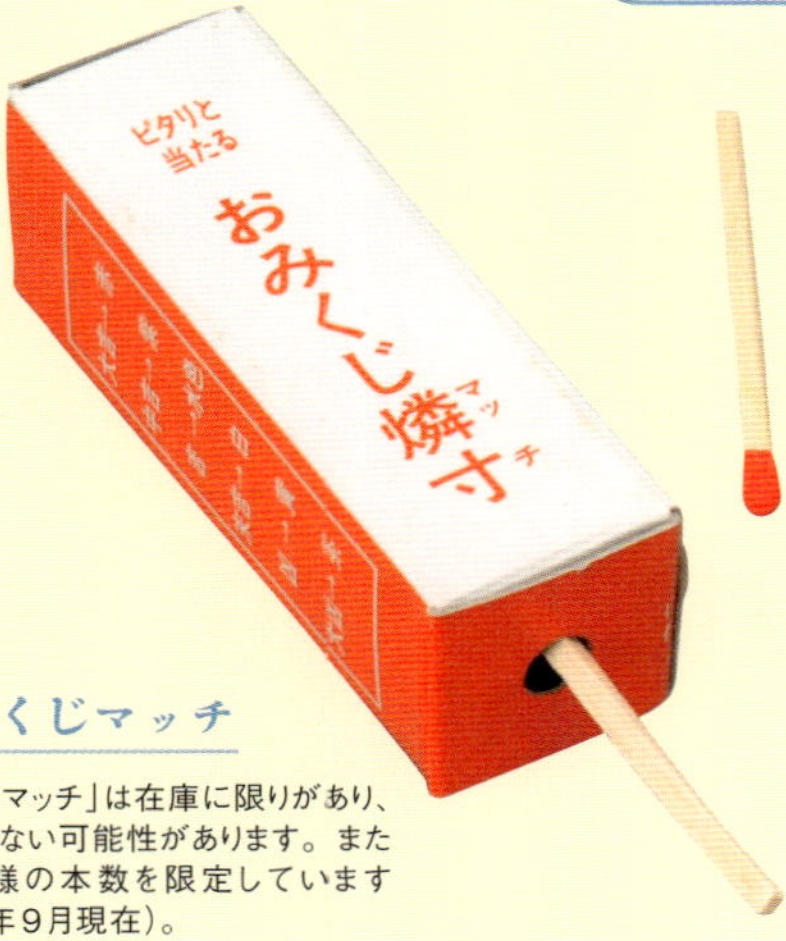

◎おみくじマッチ

※「おみくじマッチ」は在庫に限りがあり、授与できない可能性があります。またお１人様の本数を限定しています（2017年9月現在）。

熊《くま》野《の》若《にゃく》王《おう》子《じ》神社《じんじゃ》

●京都府京都市左京区若王子町2

1160年、後白河法皇が熊野権現を勧請したのが始まりで、京都三熊野の一つ。御神木の梛の葉をくわえている八咫烏が瓦などに施されている。紅葉の名所でもある。

道中安全　神学　縁結び

八咫烏はサッカー日本代表チームのシンボル。太陽神の使いで神話では神武天皇を勝利に導いた存在。

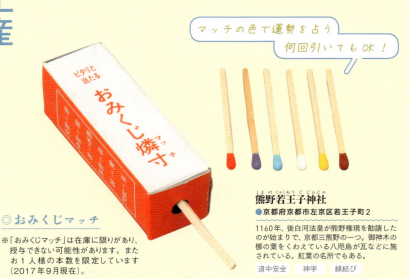

お寺
京都

縁結びにも効く強運の虎

◎おみくじ *

虎以外にも
干支のおみくじがある

祇園を見守る
毘沙門天様

南北朝時代から続く禅寺の風格ある建物と、情緒豊かな庭園や茶室は、初夏と冬の特別公開時のみ拝観可能。いつでもお詣りできる毘沙門天堂に祀られる強運の神様、毘沙門天は、かつて鞍馬寺の毘沙門天像の中に納まっていたというパワフルな御尊像である。場所柄、古くから祇園の芸妓・舞妓が良縁祈願によく訪れる。おみくじは、毘沙門天のお使いの虎。金運や勝負運、あるいは縁結びのお守りに。

建仁寺《けんにんじ》塔頭《たっちゅう》 両足院《りょうそくいん》

● 京都府京都市東山区大和大路通四条下る4丁目小松町591
● https://ryosokuin.com

商売繁盛　合格祈願　良縁成就

建仁寺の開山・明庵栄西禅師の法脈・黄龍派を受け継ぐ臨済宗建仁寺派の塔頭寺院。白砂と苔に青松の唐門前庭、枯山水庭園の方丈前庭、池泉廻遊式庭園なども見所。

神社
京都

巨大天狗の中からミニ天狗

◎天狗みくじ

携帯に便利な
キーホルダータイプ

山歩きの記念に
いつも身に着けて

鞍馬山を登るとき、ケーブルカーを使わず歩けば必ず通る神社。今にも天狗が出そうな山道で、願いを叶える巨大なご神木「大杉さん」に圧倒される。そして境内には、巨大な天狗の頭。近づいて上からのぞくと、中にはまた小さな天狗の頭がぎっしり入っている。これが「天狗みくじ」だ。使いやすいキーホルダー式で、身に着ければ道案内の神様とも言われる天狗が、開運へと導いてくれる。

京都《きょうと》鞍馬《くらま》 由岐《ゆき》神社《じんじゃ》

● 京都府京都市左京区鞍馬本町1073
● http://www.yukijinjya.jp

平安京遷都のころに北方鎮護、鞍馬一帯の産土神として創建。京都三大奇祭「鞍馬の火祭」は有名。「大杉さん」と親しまれる樹高約53mの大杉に願えば叶うとされる。

良縁　商売繁盛　病気平癒　子授安産

山伏や天狗が頭にかぶっている小さな多角形の頭襟《ときん》は、山中で水を飲むときコップ代わりに使える。

神社 京都

◎馬みくじ

珍しい木製で赤、青の2色がある

賀茂社ゆかりの動物たち

ナチュラル系の馬 変わり種の八咫烏（やたがらす）

太古、御祭神がこの地に降臨したとき、葵を飾ったり、馬を走らせたりして、盛大に迎えた。これが京都三大祭で有名な葵祭の起源。葵祭に先立つ賀茂競馬（くらべうま）も名高く、赤い装束の左方と青い装束の右方に分かれて勝負する。これにちなむ「馬みくじ」は、赤と青の二色。馬がおみくじをくわえている。「八咫烏みくじ」は、賀茂氏の祖神が八咫烏になり、道案内したという伝説に由来。ツンとした表情が愛らしいと、大人気だ。

◎八咫烏みくじ

目やくちばしは金色に輝く

賀茂別雷神社（かもわけいかづちじんじゃ）（上賀茂神社）
- 京都府京都市北区上賀茂本山339
- http://www.kamigamojinja.jp/

神代の昔、秀峰・神山に祭神が降臨。678年に賀茂神宮が造営され、現在の社殿の基が築かれた。境内全域は「古都・京都の文化財」の一つとして世界遺産に登録。

家内安全　災難除け　交通安全

お寺
京都

◎お姿みくじ

手描きの笑顔に心が和む

集めて並べれば
さらにかわいい

お寺と神社が分けられる前の状況を色濃く残す、独特な雰囲気のお寺。あちこちの鳥居や祠（ほこら）に小さな神様が潜んでいそうな、静かな活気に満ちている。「ほら、いた。小さな神様が笑っているよ」と思ったら、福禄寿堂に納められた古い「お姿みくじ」だった。四種の色があり、すべて手描きで絵付けされた笑顔は生き生きとしていて、たくさん並べると笑い声が聞こえてきそう。この素朴美は、もはや小さな芸術品である。

色は4種
胎内におみくじが！

赤山禅院《せきざんぜんいん》

●京都府京都市左京区修学院開根坊町18

888年に、第三世天台座主 円仁の遺命によって創建された、天台宗総本山 延暦寺の塔頭の一つ。境内には多様な社殿やお堂がある。また、敬老会発祥の地でもある。

鬼門・方位除災

● 明治時代に神仏分離令で、神社とお寺が強制的に分けられた。

神社
京都

馬だけに勝負はウマくいく

◎馬みくじ

競馬のみならず
人生に勝ちを

白馬の中におみくじが入っている！

勝運と馬の守り神。馬主や騎手など競馬関係者の参拝も多い。もちろん競馬ファンも勝ちを祈願。勝負に通じる菖蒲の節句発祥の地と言われ、毎年5月5日には駈馬（かけうま）神事が行われる。この日、馬場を兼ねた境内参道では、勇壮でアクロバティックな馬術が多数披露され、人馬一体の技に感動必至。おみくじも馬で、大吉〜凶の一般的内容だ。競馬前はもちろん、仕事や勉強などここ一番の運試しにいかが。

藤森神社《ふじのもりじんじゃ》

● 京都府京都市伏見区深草鳥居崎町609
● http://www.fujinomorijinjya.or.jp

勝運向上　学問向上　馬の守り神

京都市南部の深草の里に平安遷都以前より祀られている古社。勝運と馬の守り神であることから競馬関係者やファンの参拝が多い。紫陽花の宮としても知られる。

神社
大阪

神の使いと、縁結びの郷土玩具

◎うさぎみくじ

住吉大社の神様のお使い

◎おもとみくじ

イザナギとイザナミの夫婦神がモチーフ

住吉土人形の
伝統を受け継ぐ

大阪の人々に「すみよっさん」と親しまれる神社。「うさぎみくじ」には住吉みくじ、「おもとみくじ」には住吉恋みくじで、p. 72と同じ中身だ。ちなみにうさぎは住吉の神の使い。おもとみくじは、かつて住吉公園の「おもと茶屋」で売られた、イザナギ・イザナミ夫婦神の祠（ほこら）をかたどる郷土玩具「おもと人形」の復刻である。願いを込め、人に知られないよう隠し持てば恋が叶うと言われている。

住吉大社《すみよしたいしゃ》

● 大阪府大阪市住吉区住吉2-9-89
● http://www.sumiyoshitaisha.net

全国2,300社ある住吉神社の総本社。御鎮座1800年を誇る西日本屈指の神社。本殿四棟は国宝に指定。大阪の人々は、初詣といえば「すみよっさん」と親しみを持つ。

安産　厄除　海上安全

神社
大阪

神様のお告げを運ぶ馬

◎神馬みくじ

神様を乗せる
神馬が境内にいる

病気のもとを切って治してくれる「でんぼの神さん」として、お百度参りをする人が絶えない。占い店のひしめく参道は独特な雰囲気で、常ににぎわう。最近は宝物館の刀剣「石切丸」目当ての参拝客も多い。境内には生きた神馬がおり、5月には「ふれあい写真撮影会」も行われる。この神馬がモチーフの「神馬みくじ」は、赤と青の2色。馬は神様の乗り物なので、お告げを運ぶのにぴったりなのだ。

境内には実際に馬がいる！

石切劔箭神社《いしきりつるぎやじんじゃ》
- 大阪府東大阪市東石切町1-1-1
- http://www.ishikiri.or.jp

でんぼ病気平癒

祭神の御神威が、強固な岩をも切り裂くと言われ、「石切さん」として親しまれてきた。「でんぼの神さん」としても有名。「でんぼ」とは関西の方言で腫れ物を指す。

神社
大阪

懐かしい素朴な人形の面影

◎いくたまみくじ

ミニチュアの生玉人形が入っている

生國魂神社《いくたまじんじゃ》
- 大阪府大阪市天王寺区生玉町13-9
- https://ikutamajinja.jp

約2700年の歴史を誇る、大阪最古の神社で、創祀は第一代神武天皇と伝わる。日本列島そのものの神を祀り、「いくたまさん」と呼ばれ親しまれる。大阪城築城により現在地に。

万物の創生

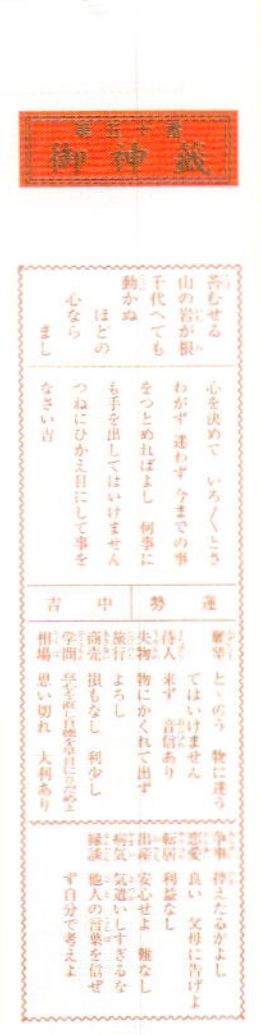

郷土玩具が物語る
上方落語発祥の地

江戸中期の上方落語の祖、米沢彦八が境内で興行したゆかりの地。「いくたまみくじ」には、大阪を代表する郷土玩具と言われた「生玉人形」の中から、彦八が得意とした三番叟（そう）の紙製ミニチュアが付く。「生玉人形」は棒を動かすと人形の腕が動く仕組みの、文楽を模した素朴な操り人形で、役者が内職として作り始めたとされる。現在は廃絶してしまったが、ここにその面影を偲ぶことができる。

馬は神様を乗せる神聖な動物なので、神社の境内には馬の像がよくある。

神社　大阪

なで鹿、お持ち帰り用

◎なで鹿おみくじ

元春日のお使いは鹿

おみくじを引いた後は家に持ち帰る

枚岡神社は、春日大社に先立って藤原氏の祖神、天児屋根命（アメノコヤネノミコト）を祀っていることから、元春日と呼ばれる。後に、武甕槌命（タケミカヅチノミコト）などもあわせて祀り、春日大社と同じ４柱の御祭神が揃った。だから、お使いも春日と同じ鹿。「なで鹿おみくじ」は、境内に建つ「親子のなで鹿像」がモデルで、なでると健康や家族の平安などを守ってくれる。おみくじを持ち帰り、存分になでるのはいかがだろう。

枚岡神社《ひらおかじんじゃ》

●大阪府東大阪市出雲井町7-16
●http://www.hiraoka-jinja.org

国家安泰　家内安全

創祀は皇紀前まで遡り、初代天皇の神武天皇が即位される３年前と伝えられる。永く神津嶽にお祀りされていたが、650年に現在の地へ奉遷した。

神社　兵庫

おみくじを一生懸命抱え鯛

◎鯛みくじ

えびす様が鯛を持っていることにちなんで

十日えびすで景気よく開運

西日本の正月の風物詩に、十日えびすというお祭りがある。中でも西宮神社は最大級のにぎわい。縁起物の福笹を受けたり、お化け屋敷や夜店を巡ったりとさまざまな楽しみ方ができる。さて、えびす様といえば鯛。おみくじも鯛で、目が合えばキュンとするほど抱え方がかわいい。何が何でも抱えさせたまま飾りたいレベルだ。毎年元日から十日えびす最終日の1月11日まで、期間限定・数量限定で授与される。

えびす宮総本社《みやそうほんしゃ》 西宮神社《にしのみやじんじゃ》

●兵庫県西宮市社家町1-17
●http://nishinomiya-ebisu.com/

商売繁盛　大漁満足　福徳招来

商売繁盛の福の神、えびす様を祀る神社の総本社。年明けに祭典「十日えびす」が開催され、「開門神事福男選び」や数万枚の硬貨が貼り付けられた「招福大まぐろ」が有名。

神社
奈良

木の温もりがハイセンス

◎鹿みくじ

奈良の鹿は神様のお使い

すべて一刀彫の手作り

奈良公園一帯は、いたるところ鹿だらけ。世界的にも珍しい景観だ。これは、奈良の鹿が春日大社の神様のお使いとして、大切に保護されているから。主神の武甕槌命(タケミカヅチノミコト)は、茨城県の鹿島から白鹿に乗って来て、奈良の御蓋山に降臨したという。そんな神様のありがたいメッセージをくわえた「鹿みくじ」は、伝統ある一刀彫の手作りで、どんなインテリアにも合うのがうれしい。

春日大社《かすがたいしゃ》

●奈良県奈良市春日野町160
●http://www.kasugataisha.or.jp

開運　厄除

768年、称徳天皇の勅命により社殿を造営し、四柱の神様を祀る。往古と変わらぬ原生林の中に朱の柱、白い壁、自然の檜皮屋根の本殿・社殿が特徴。神事は年間2,200回。

神社
奈良

勝利をもたらす癒やし系

◎金鵄《きんし》みくじ　◎鮎《あゆ》みくじ

金色のトビがまばゆい光を放つ

鮎のおみくじもある

金色に輝く幸運のトビにお力添えいただく

第一代天皇、神武天皇を祀る神社。近くには神武天皇陵もある。最初は九州にいた神武天皇が各地を制して進軍したとき、二度も戦うはめになった大和国の豪族がいた。この決戦で突然現れたのが金色のトビ、金鵄である。まばゆい光を放って、敵を降伏させたという。そんな勝利をもたらす鳥のおみくじが「金鵄みくじ」だが、いかつい雰囲気はなく、癒やし系だ。中身は吉凶と運勢のみ。「魚」+「占」の「鮎みくじ」も人気だ。

橿原神宮《かしはらじんぐう》

●奈良県橿原市久米町934
●http://www.kashiharajingu.or.jp

開運招福　健康延寿

1890年、御祭神・神武天皇が即位したとされる橿原宮の跡に創建。重要文化財の本殿は京都御所の内侍所を移築したもの。玉砂利の参道と森の緑が見事に調和している。

奈良の鹿は春日大社の神様のお使い。昔は誤ってでも鹿を傷つけると罰せられた。

神社
奈良

鶏が告げる新たなスタート

◎ご神鶏《しんけい》みくじ

ピンチを救う神剣が邪念を断ち切る

境内には実際に
鶏がたくさん

日本最古の神社の一つ。神武東征神話で活躍した神剣「フツノミタマ」を祀り、起死回生のご利益で知られる。境内では、実際にご神鶏が約30羽も放し飼いされている。鶏は鳴いて夜明けを呼ぶ縁起のよい動物とされ、「ご神鶏みくじ」は全３色。見た目のわりに辛めの内容は、ピリリと澄んだ境内の空気も手伝って、もやもやした気分をリセットしたり、気を引き締めて新しいことを始めたりするときにも使える。

石上神宮《いそのかみじんぐう》
●奈良県天理市布留町384
●http://www.isonokami.jp

健康長寿　病気平癒　除災招福　百事成就

大和盆地、龍王山の麓、布留山の山麓に鎮座する日本最古の神社の一つ。物部氏の総氏神とされる。境内は常緑樹に囲まれ、鏡池には天然記念物のワタカという魚が生息している。

神社
和歌山

高野山開創のロマンを辿る

◎みちびき犬みくじ

丸くてかわいい犬が活躍の場へと導く

正しい道へと
導いてくれる

高野山へ続く山深い古道「町石道（ちょういしみち）」に沿う神社。主祭神の丹生都比売大神は天照大御神の妹神で、邪気を祓う力のある水銀の女神ともされ、災厄から人々を守るとして信仰を集める。第二殿に祀られる高野御子大神（タカノミコノオオカミ）は、黒白２匹の犬を連れた猟師の姿で弘法大師の前に現れて道案内し、高野山開創へ導いた。おみくじは、この犬にちなむ。自分にふさわしい居場所を見つけるお守りになるかも。

丹生都比売神社《にうつひめじんじゃ》
●和歌山県伊都郡かつらぎ町上天野230
●http://www.niutsuhime.or.jp

1700年以上前、高野山麓天野盆地に鎮座した、紀伊国一之宮。弘法大師は御祭神が司る土地の一部を授かって高野山を開山した。本殿は一間社春日造りで日本一の規模を誇る。

厄除　開運　みちひらき

神社
和歌山

熊野路に心の旅の道案内

◎八咫烏《やたがらす》おみくじ

おみくじに吉凶はなく
力になる一文字が！

八咫烏が人生を導く

熊野は、神話の時代から独自に栄えた自然信仰の地。ここで３本足の八咫烏が現れ、神武天皇を奈良の橿原へと道案内した。「八咫烏おみくじ」は、かわいいだけでなく、自分をよい方向に導いてくれる。なぜなら、今の自分に力を与える一文字がズバリと示されるのだから。吉凶なしの全８種。熊野の神々の中からご縁のある神様もわかる。熊野という雄大な聖地への旅が、いっそう有意義になること間違いなし。

熊野本宮大社《くまのほんぐうたいしゃ》

- 和歌山県田辺市本宮町本宮1110
- http://www.hongutaisha.jp

蘇り　再生

神武東征以前にすでに鎮座され、社殿は第十代崇神天皇65年に創建とされる。上・中・下社の三社に十二柱の神が祀られていることから、熊野十二所権現と呼ばれている。

神社
島根

御神紋モチーフの鶴

◎鶴みくじ

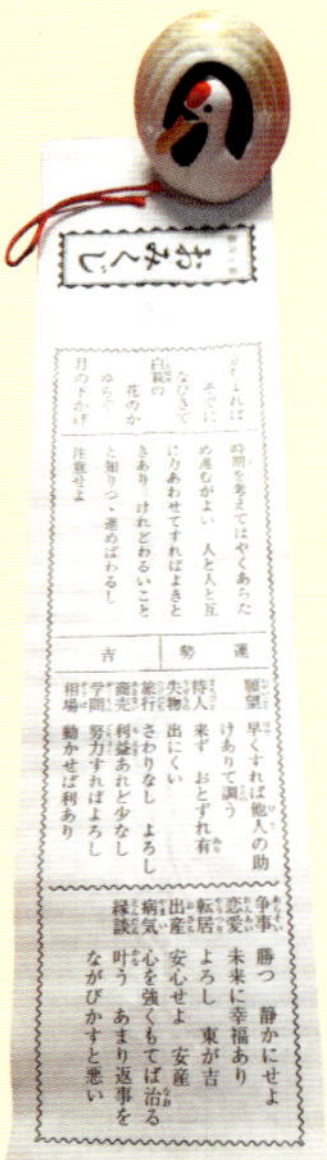

御神紋「ひおい鶴」が
モチーフ

石見国一宮《いわみのくにいちのみや》 物部神社《もののべじんじゃ》

- 島根県大田市川合町川合1545
- http://www.mononobe-jinja.jp

御祭神宇摩志麻遅命は、物部氏の祖先神。神武天皇の仰せにより各地を平定され、最後に鶴に乗ってこの地に降臨したと言われている。神紋「ひおい鶴」はこれに由来。

勝運　鎮魂　厄除

勝運を運ぶ神様のご利益をいただく

御祭神、宇摩志麻遅命（ウマシマジノミコト）は、石見の地を平和で豊かな土地とするため、鶴に乗って降臨した。真っ赤な太陽を鶴が背負った御神紋「ひおい鶴」は、この伝説をイメージしている。これが「鶴みくじ」のモチーフとなった。卵の形をした陶器に鶴の絵が描かれており、赤い紐を引っ張るとおみくじが出てくる。凶はなし。この鶴に乗って勝利の末に成功と繁栄をもたらした神様の、強力なご利益にあやかりたい。

神様は一人二人ではなく一柱二柱と数える。仏様は一尊、一仏、一座、一体など。

神社
岡山

鬼退治の桃には魔除けの力

◎桃みくじ

桃太郎伝説に思いを馳せる

桃太郎伝説の主人公、大吉備津彦命（オオキビツヒコノミコト）を祀る神社。伝説では鬼とされたが、実は完全な悪者でないとも言われる先住の渡来人、温羅（うら）も境内社に祀られている。桃の形に折られた「桃みくじ」の中には、桃太郎のイラストが描いてある。もう1種類のリアルな桃鈴が付いたおみくじも珍しい。不老長寿や魔除けを意味する桃のデザインは、みずみずしい幸運を呼んでくれそうだ。

中に桃太郎が
描かれたタイプ
桃
みくじ
開運厄除
桃鈴が
付いたタイプ

吉備津彦神社《きびつひこじんじゃ》
- 岡山県岡山市北区一宮1043
- http://www.kibitsuhiko.or.jp

第10代崇神天皇の御世に大吉備津彦命が当地の山に祈り、吉備の国 を平定し、現人神として崇められたのが始まり。このころの渡来人との戦いが桃太郎伝説として残る。

家内安全　社運隆昌　交通安全　厄除

神社
広島

カープへの郷土愛が神ってる

◎鯉みくじ

昇鯉＝勝利で
必勝祈願を！

広島観光に欠かせない場所

広島城跡に鎮座し、平和を祈念する神社。広島城は、別名鯉城（りじょう）と呼ばれた。この鯉がカープ球団の名前の由来で、地域復興のシンボルとして愛されてきた。境内には、滝を昇りきった鯉は竜になるとの伝説と勝利をかけた、昇鯉（しょうり）の像もある。素焼きの「鯉みくじ」は、今にもパクパクしそうな鯉が、おみくじを力一杯くわえた健気な姿。中身は吉凶と運勢で、英文タイプのものもある。

広島護國神社《ひろしまごこくじんじゃ》
- 広島県広島市中区基町21-2
- http://www.h-gokoku.or.jp/

平和　必勝祈願

史跡広島城跡に鎮座し、県市民の憩いの場でもある。戦争事変で戦没した英霊を祀る。初詣は三が日で60万人余の参拝があるなど、中国地方屈指の参拝者数を誇る。

鬼のイメージである角と虎柄のパンツは、鬼門（北東）が「うしとら」と呼ばれる方角であることに由来。

神社
山口

シュールかわいい白蛇みっしり

◎しろへびみくじ

本物の白蛇に出会える神社

蛇は往古から水神として崇められてきたが、実際に生きた白蛇を拝める神社は珍しい。守り神として大切にされてきた「岩国の白蛇」は、少なくとも300年前から生息する天然記念物。境内傍には、白蛇の観覧所がある。「しろへびみくじ」は、穴からたくさん顔をのぞかせる和紙製の白蛇を引く。その様子はさしずめ海底のチンアナゴ。ちょっとシュールながらも、ゆるっとした愛嬌ある表情に思わず和むことだろう。

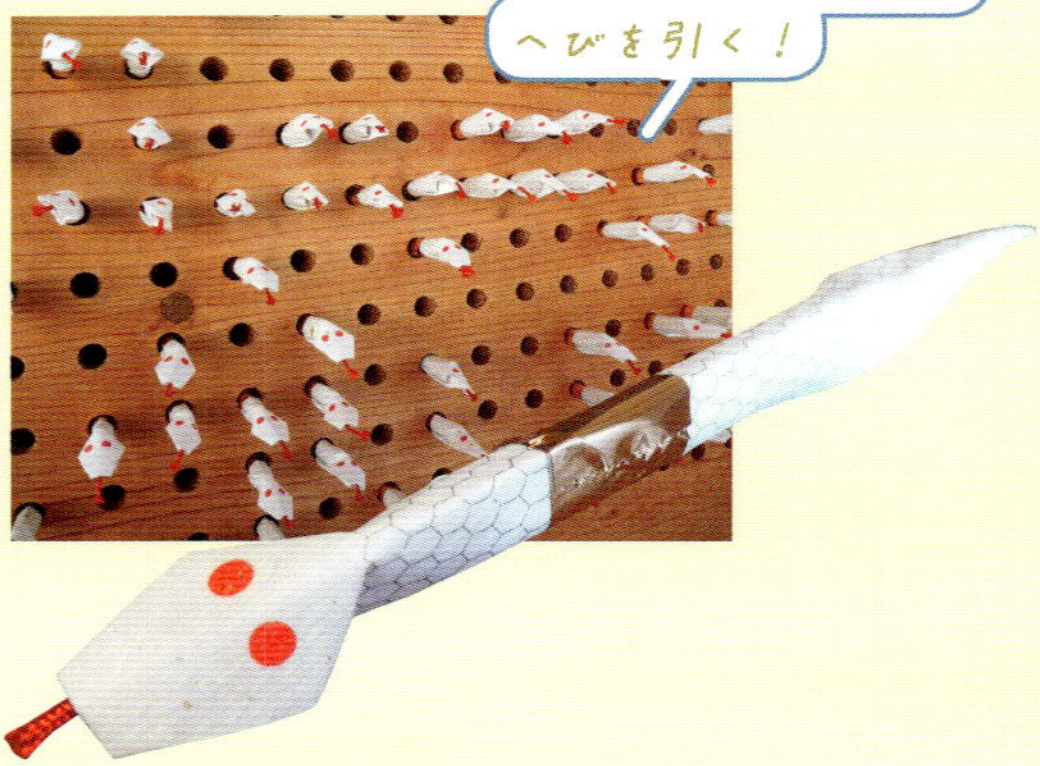

岩國白蛇神社《いわくにしろへびじんじゃ》

● 山口県岩国市今津町六丁目4－2
● http://www.shirohebi.com/jin.html

開運　商売繁盛　財運　交通安全

天然記念物「岩国の白蛇」は、300年前からこの地に生息し、守り神、弁財天の使いとして信仰される。2012年に厳島神社より祭神を勧請して創建。境内に白蛇の観覧所がある。

神社
福岡

自分をみつめ、癒やされる

◎笑いきつねみくじ

2種類の笑顔で救われる感覚に

罪やけがれ、病いや災いは日常的にあるもの。そんな自分を見つめるためにぜひ訪れたい神社。境内にある「今益（います）稲荷神社」には、笑いきつね、微笑みきつねの2種類の顔をあしらった「笑いきつねみくじ」がある。稲穂のように鮮やかな黄色の紙に、メッセージや運勢を記す。結びやすいようにとひも付きになっており、鞄やバッグにも吊るせる。「笑いきつね手ぬぐい」も垢抜けたデザインで人気。

警固神社《けごじんじゃ》

● 福岡県福岡市中央区天神2-2-20
● http://www.kegojinja.or.jp

警め（いましめ）、固る（まもる）神（八十禍津日神、神直日神、大直日神）を祀る。緑に囲まれ、境内には樹齢300年余の大楠があり、人々の憩いの場になっている。

開運　厄除

神社
福岡

昭和レトロな愛されキャラ

◎鷽鳥《うそどり》みくじ

バッグに付けても お部屋に下げても

天神様のお使い、鷽鳥に入ったおみくじ。30年以上愛されてきたこの形には、素朴な懐かしさが漂う。ひもが付いているので、おみくじを読んだ後も、そのままお守りとして身に着けることができる。中身は、天神様と縁深い数の25種類（p.103参照）。第25番をしっかり大吉にしてあるのが気持ちよい。内容は菅原道真公の和歌だが、うち1首だけ彼の母君が幼少時の菅公を想って詠んだ歌となっている。

菅原道真公の和歌が記載されている

太宰府天満宮《だざいふてんまんぐう》

●福岡県太宰府市太宰府4-7-1
●http://www.dazaifutenmangu.or.jp

学問　至誠　厄除

菅原道真公の墓所の上に御本殿を造営し、その御霊をお祀りしている。全国に約1万2,000社ある天神様をお祀りする神社の総本宮。年間約800万人の参拝者が訪れる。

お寺
福岡

閻魔様の温かな叱咤激励

◎閻魔みくじ

閻魔様のカラーは全7色

読んだら中に 戻して飾ろう

年2回の閻魔祭りで、こんにゃくを供えれば病いを取り除いてくれると親しまれるお寺。閻魔様の部下の奪衣婆や鬼など地獄オールスターズが、木像で勢揃いする。「閻魔みくじ」はガチャ式で、お守りの閻魔様人形が全7色。これらに加え50～60体に一つの割合で金色の閻魔様が入っていて、しかも中身は大大吉だ。凶はなし。閻魔様の厳しくもやさしいお言葉を日々の戒めとすべく、身近に飾り見守ってもらおう。

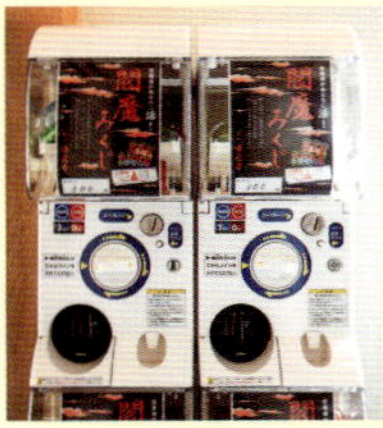

海元寺《かいげんじ》

●福岡県福岡市博多区中呉服町10-5
●http://kaigenji.com

黒田光之公の部下・源七が、京都から閻魔様の像の首を持ち帰り建立した閻魔堂。1月と8月の16日に閻魔様のお祭りが開催され、参詣者はこんにゃくを供える。

無病息災　厄難消除

奪衣婆《だつえば》は、三途の川で亡者の服を脱がせて服の重さで善悪を判断する鬼婆《おにばば》。

神社
佐賀

宝くじの高額当選者が続々

◎白虎《びゃっこ》金運みくじ

白虎の表情を見て思わず顔がほころぶ

宝くじの高額当選者が相次いで出ていることから、金運のご利益があると参拝者が増えている。「白虎金運みくじ」は、金運を招くと言われる、西方の守護神白虎をかたどった置物に入ったもの。白虎の愛らしい表情に顔がほころぶ。おみくじ自体は一般的な内容だが、金運のお守りにしてもよいし、あるいは、自分で紙に誓いの言葉や願いごとなどを書いて白虎の中に納め、縁起物として飾ることができる。

守護神・白虎の中に
おみくじ

宝当神社《ほうとうじんじゃ》

●佐賀県唐津市高島523
●http://houtoujinja.jp

宝くじ当選　金運　子宝　開運

1586年創建、唐津の沖合にある高島に鎮座する。近年「寶當（宝当）」の文字にあやかって参拝者が増え、宝くじの高額当選者が多数出たことで一躍有名に。

商店
熊本

手ぬぐいで選べる水みくじ

◎御神水《ごしんすい》おみくじ

水に浸けて読んだら
手ぬぐいで拭ける

丹波屋《たんばや》

●熊本県阿蘇市一の宮町宮地1857-1

駄菓子、雑貨、文房具などを扱うお店。門前町商店街で大正２年から続く老舗で、地元の人々に親しまれているだけでなく、県外からも来客があり、お土産物店としても人気。

運試しはもちろんプレゼントにも

名水が多く湧き出る阿蘇神社門前町では、「水基めぐり」を楽しめる。「丹波屋」で売られている「御神水おみくじ」は水に浸けると読めるもの。店前の湧き水は地震の影響で現在止まっているが、商店街にはいくつも湧き水（水基）がある。おみくじはミニ手ぬぐいで巻物風に包まれており、読んだらすぐ拭けるとは何とも気が利く。吉凶なしで、熊本弁のひと言アドバイスのみと潔く、ご当地感も強い。友人を元気づけるお土産にも最適だ。

神社
大分

三種類の赤猫に迷っちゃう

◎赤猫おみくじ

商売繁盛と幸運の独特な縁起物

当地では明治初期に「赤猫」と呼ばれた豪商がいて、社会貢献にも心を砕いた。これにあやかろうと、赤い招き猫の縁起物「赤猫」が誕生。福袋を抱える姿が愛らしい「赤猫おみくじ」は顔の表情が三種類あり、しかも内容まで、笑目は全体運、丸目は金運、つぶらな瞳は恋愛運と、分かれているのが、何とも悩ましい。いっそ全部、といきたいところ。ほかにも赤猫の授与品多数なので、猫好きは心して参拝したいものだ。

「福猫宮（みゃー）みくじ」もある

福良天満宮《ふくらてんまんぐう》

- 大分県臼杵市福良211
- http://www.fukuragu.jp

城下町臼杵を見下ろす高台に鎮座する、菅原道真公の子孫が伝えた神社。明治初期に独特の縁起物「赤猫」が誕生し、赤猫神社の併設のほか、赤猫の授与品も扱う。

学業成就　商売繁盛　開運招福

集めました！
だるまみくじ

七転び八起きの縁起物として親しまれるだるま。置物のほかにも、だるまモチーフのさまざまな商品があるが、おみくじにもだるまにちなんだものは全国各地にある。

01 だるまみくじ／薬壺《やっこ》みくじ　福井

薬師如来が手に持っている

三重塔とともに国宝とされる鎌倉時代建立の本堂。その本堂に安置される本尊薬師如来が手にしているのが薬壺。これをモデルにした「薬壺みくじ」と、「だるまみくじ」がある。1～100番、そのうち1割が凶。だるまは紅白の2種類があり、たとえ凶でも縁起はよし。

02 殿だるまみくじ／姫だるまみくじ　宮城

厄祓いして福を呼ぶ

仙台城（青葉城）本丸城址に招魂社として創建された宮城縣護國神社のだるまみくじは、お城の青葉が芽吹く色をイメージした彩色。「殿だるまみくじ」は厄を祓い、「姫だるまみくじ」は福を呼ぶというご利益がある。二つを一緒に引くと心強い。

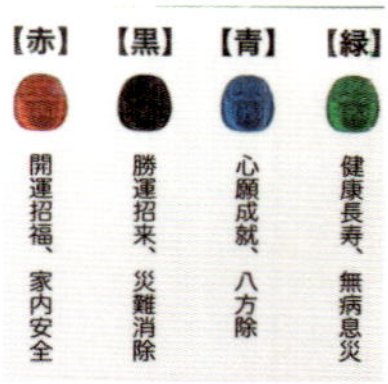

【赤】
開運招福、家内安全
【黒】
勝運招来、災難消除
【青】
心願成就、八方除
【緑】
健康長寿、無病息災

縁起だるま発祥の寺

03 だるまみくじ　群馬

達磨大師の霊地として知られる少林山達磨寺。素焼き製のだるまにおみくじ入り、樹脂製のだるまにおみくじ入り（ガチャガチャ式）、紙巻きみくじの中に御神体入り、封筒におみくじと縁起だるま８色メダル入りの４種類のだるまみくじがあり、どれを選ぶか迷うところ。

素材、デザインはさまざま。強さとしなやかさは共通

だるまに入ったおみくじは、全国各地で入手できる。中のおみくじは、大量生産からオリジナルまでさまざま。だるまの人形は木地製が多く、寺社によって微妙に顔が違う。今でも手描きのところもある。並べて比べるのも一興だ。

張り子の「縁起だるま」発祥地、高崎の達磨寺は、おみくじも「だるま」さん。禅宗開祖「達磨大師」をモチーフとする。一方、姫だるまは妊婦のイメージ。いずれも「起き上がりこぼし」がルーツで、七転び八起きの縁起物である。

近年は中川政七商店など、陶製やご当地風デフォルメも増えてきた。アレンジしやすいだるまは、長く広く親しまれる造形なのだ。

04 姫だるまみくじ 石川

石川弁のお告げ

金沢の郷土玩具「姫だるま」をモデルにした陶製の人形。中に入っているおみくじには、石川弁のお告げが。金箔、九谷焼、米喰い鼠など、金沢ゆかりのモチーフを取り上げた内容となっている。石川県の中川政七商店直営店限定で販売されている。

04 たこ焼だるまみくじ 大阪

3つの味（ご利益）を

大阪名物と言えばたこ焼きということで、陶器のたこ焼き風のだるまみくじ。かつおぶしマヨ、青のり紅しょうが、ねぎ明太マヨの3種類があり、頭の穴には爪楊枝がさせる、洒落のきいたデザイン。大阪の日本市（中川政七商店直営店）限定で販売されている。

04 歌舞伎だるまみくじ 東京

七五調のリズムのお告げ

戦国時代の終わりから江戸時代初頭にかけて、京や江戸で流行したと言われる歌舞伎をモチーフにしたおみくじ。歌舞伎の台詞の特徴である七五調を活かしたリズムで、しかも粋な内容のお告げが魅力。東京の日本市（中川政七商店直営店）限定で販売されている。

04 にわか明太だるまみくじ 福岡

博多弁と郷土芸能がコラボ

博多名物の明太子のくちびると、福岡の郷土芸能「博多仁和加（にわか）」のお面を合わせたおみくじ。おみくじには博多弁、博多にまつわることばにからめたお告げが掲載されている。福岡の日本市（中川政七商店直営店）限定で販売されている。

05 だるまみくじ 京都

だるまの中にだるま

さまざまな神様をお祀りしている吉田神社に大きなだるまの置物がある。上部が空いており中をのぞくと、たくさんの小さな張り子の姫だるま。これがだるまみくじ。一つひとつ手描きで表情が違うので、気に入ったものを選んでおみくじを読もう。

---

01 明《みょう》通《つう》寺《じ》

- 福井県小浜市門前5-21
- https://myotsuji.jimdo.com

806年、征夷大将軍・坂上田村麻呂創建の古刹。国宝の本堂や三重塔はもちろん、本堂の重文仏像も見所で、境内には古樹が立ち並ぶ。四季折々の景観も美しい。

02 宮《みや》城《ぎ》縣《けん》護《ご》國《こく》神社《じんじゃ》

- 宮城県仙台市青葉区川内1
- http://gokokujinja.org/

明治天皇の思し召しにより明治維新から先の大戦に至るまで、平和と繁栄を念じつつ、尊い生命を御国に捧げられた郷土出身者の御霊を祀る。仙台城（青葉城）本丸城址に鎮座。

03 黄檗宗《おうばくしゅう》 少林山《しょうりんざん》達《だる》磨《ま》寺《じ》

- 群馬県高崎市鼻高町296
- http://www.daruma.or.jp

1697年、前橋城の裏鬼門を守る祈願寺として開創。観音菩薩、達磨大師、北辰鎮宅霊符尊の御本尊をお祀りする。320年受け継がれる「少林山七草大祭だるま市」も有名。

04 中川政七商店

- 全国各地に直営店あり
- http://www.yu-nakagawa.co.jp/top/

1716年、奈良にて創業し、手績み手織りの麻織物を作る。近年は工芸をベースにしたSPA業態を確立し、「日本の工芸を元気にする！」をビジョンに全国に直営店を展開。

05 吉《よし》田《だ》神社《じんじゃ》

- 京都府京都市左京区吉田神楽岡町30
- http://www.yoshidajinja.com

859年、平安京の守護神として創建。厄除け開運の神様として崇敬篤い神社。境内には全国の神々を祀る大元宮、料理の神様、お菓子の神様など、さまざまな信仰のお社がある。

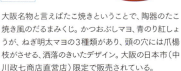

お寺に伝わる本来の引き方は非常に大変

元三大師百籤というおみくじは、江戸時代に広く流布する以前、天台宗のお寺で守り伝えられてきた。元々は、僧侶が依頼者の悩みに応えて代わりに引き、解説してくれるものだった。しかも、ただ引くのではなく、大変な時間と精神力を要する。まず全身を清め、観音経を3度読み、観音様を讃えるご真言という呪文のようなものを合計999回唱え、33度礼拝しなければならない。33や333の倍数は観音様にゆかりの数だ。元三大師は観音様の化身で、元三大師百籤の言葉はすなわち、観音様のお告げである。軽々しくいただけるものではない。このほかにも、願文や所作など複雑な決まりが山ほどある。これらが一種の神がかり的な状態を生み出し、お告げを呼ぶのだ。それも本来、きちんと「降りてきた」と体感できるまで、何度でも繰り返す。厳しい修行を積んだ者だけが行える、責任重大な行為なのである。とても常人にはまねできない。これを思えば、おみくじのありがたみも増すはずだ。精神統一の目的で、簡単な読経くらいは取り入れてみてもよいかもしれない。現代ではこの簡易版で、僧侶、神職、職員などが代わりに引いてくれるところもある。そこで生年月日を聞かれることがあるのは、願文に読み込んだ名残なのだろう。

4章 ニューウェーブおみくじ

身近な存在として
定着したおみくじは、
現在は観光施設や文化施設など、
神社仏閣以外で
取り扱われていることも多い。
また神社仏閣でも
目新しい趣向を取り入れるなど、
おみくじの個性は
日々変遷し、
多様化している。

観光施設
北海道

絶対笑える脱力系おみくじ

◎テレビ父さんおみくじ

凶が出たら、
テレビ父さん開運缶バッジがもらえる

このノリで凶って一体どんなだ

さっぽろテレビ塔90ｍの展望台にある「テレビ父さん神社」のテレビ父さんは、ひと目で顔がゆるむ正真正銘のゆるキャラだ。ガチャで引くおみくじは、例えば中吉では「(略) あくまでそこそこですよ。そこらへん期待されるとちょっとキツイねー(略)」といった、とぼけた言葉が笑える。凶が出たとしても笑える内容の言葉が添えられており、凶だけのレアな缶バッジももらえる。これまたゆるい、「父さん七福神木札」付き。

株式会社さっぽろテレビ塔《とう》
● 北海道札幌市中央区大通西1
● http://www.tv-tower.co.jp/

受験シーズンは「父さん神社」で合格祈願ということで、受験生は展望台入場料が半額。10年間テレビ塔からはがれ落ちなかった「塗装片」を入れた「落ちないお守り」も限定発売。

商店
北海道

「あの熊」が函館弁でお告げ

◎函館熊みくじ

函館弁のお告げ
凶なし！

お土産選びのラストスパートに

北海道土産の定番、あの木彫り熊風の陶器製おみくじ。テディベアのような愛らしさまであわせ持ち、幅広い人々に喜ばれそう。鮭の代わりにおみくじをくわえているというのも、洒落がきいている。中身は、北海道の方言の中でも特徴ある函館弁のお告げ。凶なしなので、お土産に最適だ。ご当地インパクトで、旅の土産話も盛り上がる。空港内だから、帰り際に駆け込みで買えるのもうれしいところ。

函館空港《はこだてくうこう》ビルデング株式会社《かぶしきがいしゃ》
● 北海道函館市高松町511 函館空港内
● http://hakototate.jp/prcducts/hakodate_kumamikuji.php

函館空港内の土産物店「函と館」にて販売。函館の街、人、特産品の魅力をより多くの人に知ってほしい、という思いのもと、「語りたくなるストーリー」がある商品を展開。

北海道の木彫り熊の最初のモデルは、スイスから持ち帰られたものだった。

観光施設
北海道

天気ならぬ運気はどんな雲？

◎雲みくじ

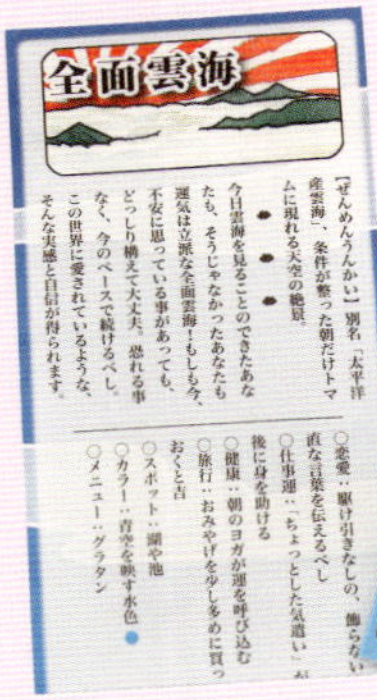
全面雲海

【ぜんめんうんかい】別名「太平洋産雲海」、条件が整った朝だけトマムに現れる天空の絶景。

● ● ●

今日雲海を見ることのできたあなたも、そうじゃなかったあなたも運気は立派な全面雲海！もしも今、不安に思っている事があっても、どっしり構えて大丈夫。恐れる事なく、今のペースで続けるべし。この世界に愛されているような、そんな実感と自信が得られます。

○恋愛：駆け引きなしの、飾らない直な言葉を伝えるべし
○仕事運：「ちょっとした気遣い」が後に身を助ける
○健康：朝のヨガが運を呼び込む
○旅行：おみやげを少し多めに買っておくと吉
○スポット：湖や池
○カラー：青空を映す水色
○メニュー：グラタン

雲の種類で運勢を占う！

雲海が織りなす大自然のロマン

早朝のみのゴンドラで行ける絶景の場所、雲海テラス。約40％の確率で雲海に出会うことができる。気象条件によってさまざまな表情の雲海が発生し、二度と同じ景色が現れることはない。ここで引けるおみくじは、吉凶ではなく、さまざまな種類の雲に例えて運勢を占う。どんな雲なのかわかるよう、イラストと解説が添えられていて、天気の仕組みにも興味がわいてくる。貴重な風景の思い出に。

星野《ほしの》リゾート トマム

●北海道勇払郡占冠村字中トマム
●http://www.snowtomamu.jp

北海道の中心に位置する滞在型リゾート。「ザ・タワー」「リゾナーレトマム」の2つのホテルを中心に、さまざまなアクティビティが楽しめる。※雲海テラスは同リゾート内の施設で営業期間は、5月13日～10月16日まで（2017年）。

文化施設
宮城

未来に希望を与えるモアイ

◎南三陸モアイみくじ

おみくじには「南三陸最愛神籤」と書かれている！

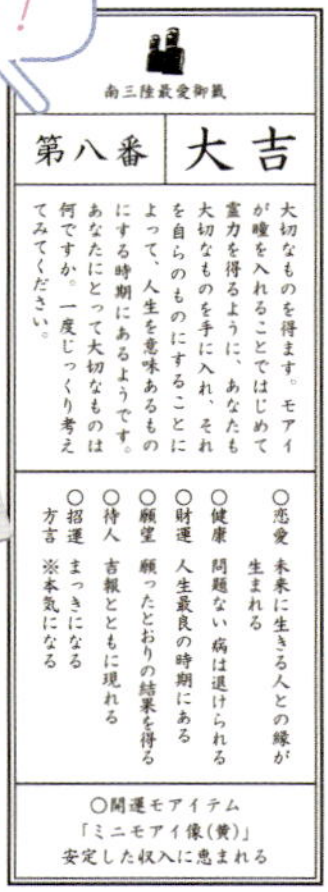
南三陸最愛御籤

第八番 大吉

大切なものを得ます。モアイが瞳を入れることではじめて霊力を得るように、あなたも大切なものを手に入れ、それを自らのものにすることによって、人生を意味あるものにする時期にあるようです。あなたにとって大切なものは何ですか。一度じっくり考えてみてください。

○恋愛 未来に生きる人との縁が生まれる
○健康 問題ない 病は退けられる
○財運 人生最良の時期にある
○願望 願ったとおりの結果を得る
○待人 吉報とともに現れる
○招運方言 まっきになる ※本気になる

○開運モアイテム
「ミニモアイ像（黄）」
安定した収入に恵まれる

南三陸《みなみさんりく》モアイファミリー

**●宮城県登米市迫町
佐沼字八幡2-2-5 スカイプラザF棟**
●https://www.moaifamily.com/

2013年にイースター島から南三陸町へ本物のモアイ像が贈呈されたことを受け、南三陸モアイファミリーが誕生。モアイの情報発信、オリジナルグッズの開発・販売を行う。

世界的に貴重な復興の守護神

東日本大震災の被災地、南三陸には本物のモアイ像がある。しかも、その魂となる目が入った、世界で2体だけのうちの一つ。イースター島から復興を祈り、門外不出のところを世界ではじめて贈られた。未来を見守る守護神モアイのおみくじは、モアイに絡めた運勢と、ご当地感ある「招運方言」や「開運モアイテム」の項目が楽しい。凶はなし。おみくじやグッズの収益の一部は、復興や福祉に充てられる。

文化施設
秋田

雪国の温かな言葉が響く

◎横手弁おみくじ

かまくらには水神様がいる！

いつでも見られる 本物の「かまくら」

横手の「かまくら」は、中に水神様を祀る小正月行事。地元の子どもたちが入って甘酒と餅で客をもてなす。この本物の雪でできた「かまくら」をマイナス10℃に保ち、一年中見られるのが横手かまくら館だ。おみくじは、「そんな嫌なことは、今年はおぎね（＝起きない）」といった、横手弁での短くも温かなアドバイスが心に響く。少しでも前向きになれるよう、凶はない。意味がわからないときは、職員に質問を。

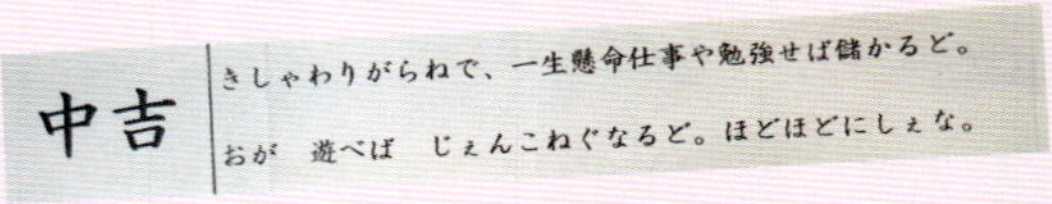
中吉
きしゃわりがらねで、一生懸命仕事や勉強せば儲かるど。
おが 遊べば じぇんこねぐなるど。ほどほどにしぇな。

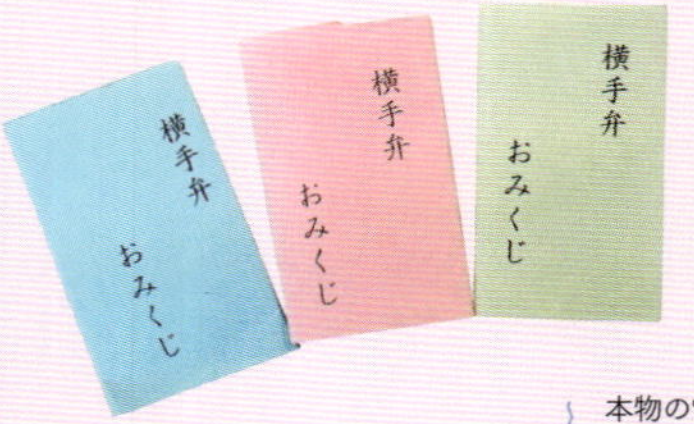

一般社団法人《いっぱんしゃだんほうじん》横手《よこて》市《し》観光協会《かんこうきょうかい》

●秋田県横手市中央町8-12
●http://www.yokotekamakura.com/

本物の雪で作られている「かまくら」を、四季を通じて見学できる「かまくら館」。かまくら室、ギャラリー、映像室があり、特産物が揃う売店にておみくじも販売している。

商店
福島

赤べこ神社で運試し

ラーメンと恋の歌を堪能

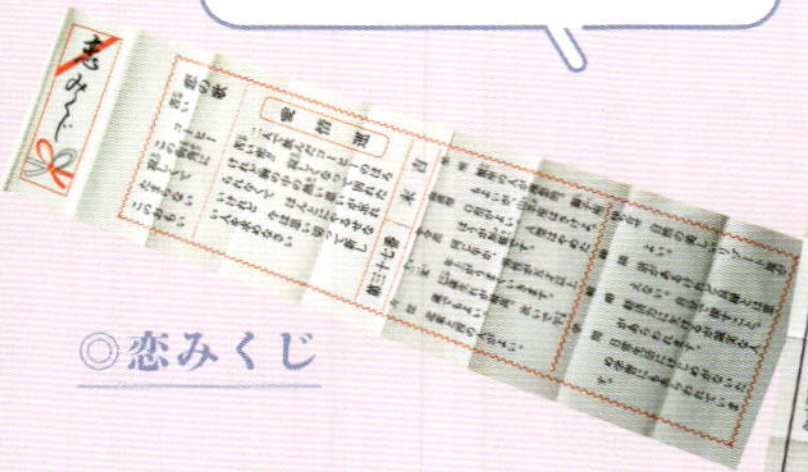

◎恋みくじ

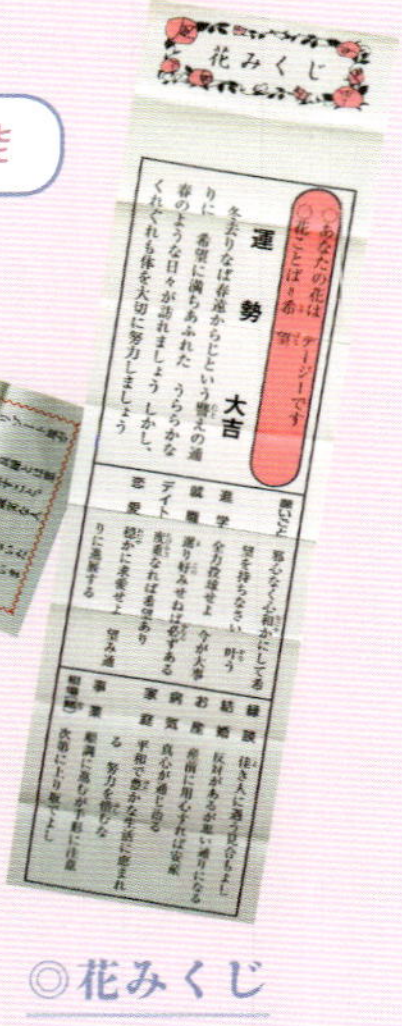

◎花みくじ

お腹いっぱい 元気いっぱい

会津地域を代表するご当地ラーメン、「喜多方ラーメン」を堪能できるお店。2階はビュッフェ。1階はミニテーマパークのようなレトロ情緒あふれるお土産コーナーだ。この一角に、赤べこ神社がある。会津の郷土玩具「赤べこ」は、元々は疱瘡（ほうそう）除け祈願のためのもので、健康にご利益を発揮。初々しい恋の短歌と細かな項目が特徴の「恋みくじ」、花言葉で占う「花みくじ」の2種類が楽しめる。

河京《かわきょう》ラーメン館《かん》 猪苗代《いなわしろ》店《てん》

●福島県耶麻郡猪苗代町
大字三ツ和字前田34-1
●http://kawakyo.co.jp

2階は本格喜多方ラーメンとサイドメニューが食べ放題、1階はラーメンを中心とした各種お土産フロア。そこに赤べこを祀った赤べこ神社があり、おみくじも販売している。

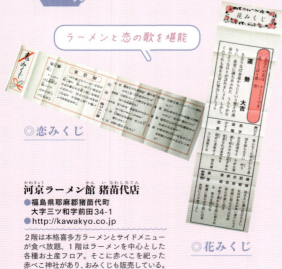

商店 千葉

おみくじ引いたら羊羹が出た

◎おみくじ羊羹

おみくじと見せかけて羊羹
いや、やっぱりおみくじ

引き出しを開けてびっくり

米屋總本店の裏手、成田羊羹資料館を入ってすぐ目に入るのが、古めかしいおみくじ筒と引き出し。その上には、創業時から祀られてきた恵比寿様と大黒様が鎮座している。拝んで料金を入れ、出た番号の引き出しを開けると、紙…ではなく小箱入り羊羹が。この小箱に、おみくじが同梱されている。總本店でお土産用にまとめ買いもできる。敷地内の旧跡庭園も必見。成田山草創の地に清水が湧くパワースポットだ。

成田《なりた》羊羹《ようかん》資料館《しりょうかん》　おみくじ羊羹《ようかん》

- 千葉県成田市上町500
- http://www.nagomi-yoneya.co.jp/06_youkanshiryoukan/

「和菓子店 なごみの米屋」の企業資料館。成田山参道の土産物羊羹の歴史や古い羊羹作りの道具、羊羹包装紙などを紹介。同施設内にておみくじ羊羹も販売している。

お寺 千葉

愉快なお寺の愛されキャラ

◎木魚のぽっくん

お寺のオリジナル
キャラクター

誰でも受け入れる気軽な憩いの場

笑顔になれるお寺とのモットーを掲げた、話題のネット動画CM「はひふへ本光寺」。見れば笑顔になる衝撃的な内容だ。CM通り開放的なお寺で、地域に貢献し愛されている。そんな本光寺が、今度はキャラクターを世に放った。絵本も発売中の「木魚のぽっくん」。なぜか子どもたちが「お尻からおみくじ」と喜ぶとか。ツボ刺激にも使えるなどと、相変わらずの自由なノリ。今後も本光寺と「ぽっくん」から目が離せない。

市川大野《いちかわおおの》 本光寺《ほんこうじ》

- 千葉県市川市大野町3-1695-1
- http://www.honkouji.com/

身延山久遠寺を総本山とする日蓮宗寺院。子育て応援やさまざまなイベントなどで地域活性に貢献。日蓮聖人石像、大野天満宮があり、初詣の五行パワースポット開運巡りも人気。

縁結び　安産　合格　厄除

日蓮宗のお寺の正式な御朱印は「御首題」と呼ぶ。略式の場合「妙法」と墨書されることも。

商店 東京

幸運の鳥フクロウに会える
◎いけふくろう神社おみくじ

フクロウに癒やされ感動と開運を

カフェ入場料割引＆缶バッジ付き

フクロウカフェ入り口にある「いけふくろう神社」では、店の外にありながら、生きた本物のフクロウ1羽がお出迎え。ガチャのおみくじには大吉〜凶の5段階があり、ふくろう様の教えと各運勢の短いアドバイスで占う。やさしいタッチのイラスト缶バッジと、フクロウカフェ入場料100円引券付き。これを引いたのを縁に、各国で知恵や幸福のシンボルとされるフクロウと存分に触れ合ってみてはいかがだろう。

あうるぱーく フクロウカフェ池袋（いけぶくろ）
● 東京都豊島区西池袋3-30-11 タイキョウフラットビル2階
http://www.owlpark.tokyo

本物のフクロウを手に乗せたりエサをあげたりする体験、手に飛んでくるフライト体験などができるカフェ。フクロウから癒やしと感動を、おみくじから幸運を得られる。

商店 東京

中吉くらいが一番幸せ
◎スーパー中吉おみくじ

多彩な中吉で手堅く励ます

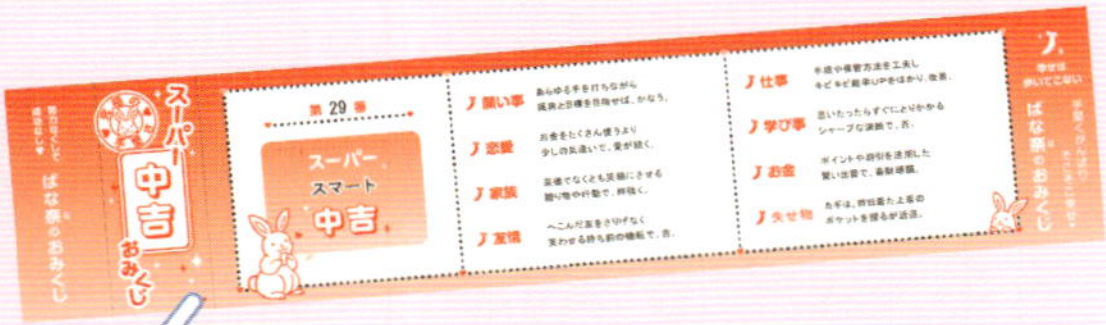

うさぎが運ぶ中吉は全部で36種類！

かわいいカラクリうさぎがおみくじを運ぶ姿を見ながら、何吉かな？と浮かれる。これが普通の反応だろう。すると次の瞬間、衝撃が。表紙の通り、すべて中吉なのだ。といっても、全36種類もの「〇〇中吉」が織りなす多様さは、あたかも人生の縮図。この振り切り具合が、何とも気持ちよい。無理なく実行できる前向きなアドバイスで、幸せをつかもう。ときどき、現実的すぎてクスリと笑えるのはご愛嬌だ。

東京ばな奈ツリー（とうきょう）
● 東京都墨田区押上1-1-2 東京スカイツリータウン・ソラマチウエストヤード1階
http://www.tokyobanana.jp/

東京スカイツリータウン®にて、東京ばな奈ファミリー商品や姉妹ブランド商品を揃えた東京スイーツセレクトショップ。とうきょうスカイツリー駅正面改札口の前。

フクロウは、ギリシャでは知恵の女神アテナのお使いとされる。

神社
東京

東京で妖怪たちに会える町

©水木プロ

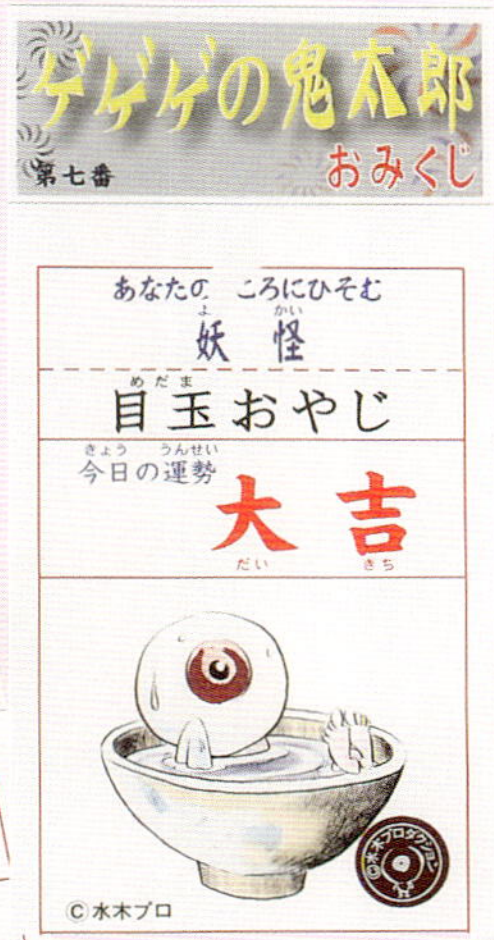

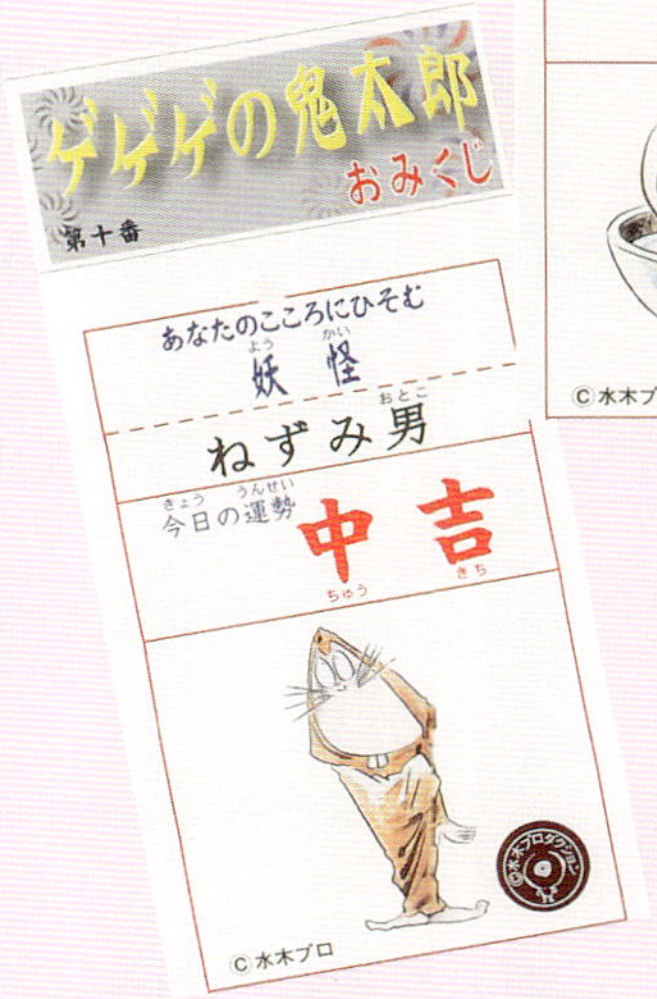

ゲゲゲの鬼太郎の登場キャラのイラスト

◎ゲゲゲの鬼太郎おみくじ

水木しげる先生の気配を訪ねて

調布は、ゲゲゲの鬼太郎をはじめ多くの妖怪漫画で世に親しまれた水木しげる先生ゆかりの地。自宅と事務所があり、往時は付近を散策するご本人の姿も見られたという。調布駅から伸びる天神通り商店街には、至るところに鬼太郎のオブジェが飾られている。その先にある布多天神社で引けるのが、「ゲゲゲの鬼太郎おみくじ」。「あなたのこころにひそむ妖怪」として登場したキャラが運勢を指南してくれる。

布多天神社《ふだてんじんじゃ》

- 東京都調布市調布ヶ丘1-8-1
- http://fudatenjin.or.jp/

多摩地方有数の古社で、社伝によれば紀元77年の創建と言われている。1477年に多摩川の洪水をさけて、現在地へ遷座し、御祭神、少彦名命に菅原道真公を配祀した。

家内安全　交通安全　商売繁栄　健康

神社

東京

心願成就に至れり尽くせり

ここまですればきっと叶う

四種類の願いごとに応じた色を選ぶ「心願色みくじ」には、その願いごとに特化した助言がとても詳しく書かれている。また、付属の願い札に願いごとを書いて所定の場所に結べば、後日ご祈願をしてくれる。さらに願い玉がもらえ、願いごとが叶った後に再びおみくじを引くと今度はひと回り大きい玉がもらえるという、願望達成への仕掛けがてんこ盛りだ。超大吉を引いた場合は、「福分けセット」がもらえ、親しい人まで幸せに。

願い札、願い玉がもらえる！

願い玉

福分けセット

願いごとに特化した助言

◎心願色《しんがんいろ》みくじ

烏森神社《からすもりじんじゃ》

- 東京都港区新橋2-15-5
- http://karasumorijinja.or.jp

芸能の神・天細女命をお祀りしている数少ない神社。平将門が乱を起こしたときに、鎮守将軍藤原秀郷が戦勝祈願をしたのが始まり。烏森は新橋の旧地名。

恋愛　金運　仕事学業　家内安全

商店
東京

ノスタルジックな谷中と猫

◎猫みくじ

お店の開店時とイベント時のみ引ける！

集めたくなる温かみあるデザイン

谷中らしい猫がモチーフの、レトロなタッチに心が和む。地域で親しまれるアトリエショップ「茶ノ間」開店時と、駒込大観音ほおずき市など地元のイベント出店時しか引けない完全オリジナルおみくじで、栞としても使える。「前向きで元気の出るメッセージを」ということで凶なしだが、大吉は少なめ。和モノや仏像を取り入れたデザインは、絵だけでも楽しめるので、海外からもリピーターが多い。

谷中《やなか》の茶《ちゃ》ノ間《ま》
●東京都台東区谷中3-9-1

古民家を使ったハンドメイド雑貨店兼ギャラリー。店主の「ちゃぶ台アーティスト」嘉藤恵子氏がモノ作りを発信する。その場でオーダーメイドしてくれる似顔絵だるまが人気。

商店
新潟

新年のサプライズお年賀

◎開運おみくじ付き！日本酒年賀状

シールをはがすと結果がわかる！

まさか！酒店《さけてん》
●新潟県上越市三和区下中1502
●http://masaka-saketen.com/

今までにありそうでなかった商品やこんなのありえないという企画を次々と展開する酒店。世界初の日本酒のオンラインショップを展開中。メディアでも紹介される。

贈って喜ばれる要素が満載

慌ただしい年末、お世話になった人へのお年賀に迷う時間がもどかしい。そんな悩みを、お酒さえ大丈夫なら一発解決する画期的アイテムが登場した。年賀状を兼ねたラベルは6種類で、文面のオーダーも可能。新年に欠かせないおみくじが付いて、上杉謙信ゆかりの風巻神社で御祈祷までしてあるのがうれしい。大吉、中吉、吉があり、大吉はお酒の抽選券になる。これほど気の利くお年賀はなかなかない。

商店
富山

ゆるかわ大仏様に癒やされる

◎高岡大仏まんまるみくじ

大吉の上に大仏吉あり！

大仏様の頭から ありがたいお言葉

高岡大仏すぐ近くの「大仏茶屋」には、何やらもう一つの大仏が。大きな顔は、地元の鋳物技術で作られた本格派だ。頭の上に積み上がった、仏様のパンチパーマみたいな髪型「螺髪（らほつ）」がカプセル入りおみくじになっている。運勢は、一般的な項目に加え、心身の健康を気づかう内容で幸せに導く。丸くてほんわかする絵に、ますます癒やされる。大吉より上が大仏吉というのもナイスだ。缶バッジ付き。

NPO法人大佛三郎《だいぶつさぶろう》

●富山県高岡市片原町39
●https://www.facebook.com/daisabu/

高岡大仏周辺エリアのまちづくり・魅力発信事業を手がける。高岡大仏の形をしたカステラの販売や、大仏公園での朝ヨガの実施などを通じ、高岡大仏の魅力を発信している。

神社
福井

福を授ける美少女キャラ

◎恋みくじ 福娘香恋《かれん》ちゃんステッカー守付き

香恋ちゃんは福娘と同じ役割！
ステッカーをお守りに

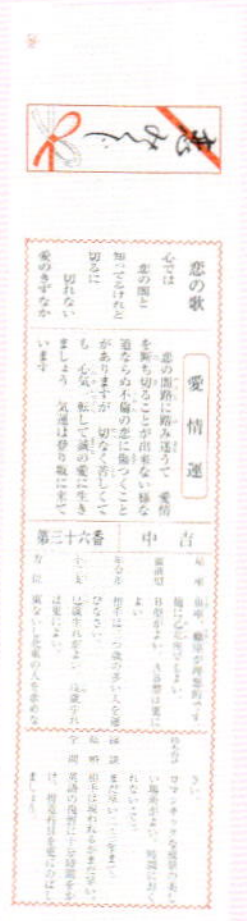

いつでも春の ときめき気分

桜が境内に咲き誇るころ、金崎宮では「桜の小枝」を福娘と交換する「花換まつり」が行われる。この福娘をキャラクター化したのが「香恋ちゃん」で、神様と参詣者の間を取り持つ存在とされており、おみくじにも採用されている。おみくじの内容は全国にある一般的な「恋みくじ」と同じだが、ステッカー守りが付いているのはここならでは。身近なものにこのステッカーを貼れば、いつでも福が訪れてきそう。

金崎宮《かねがさきぐう》

●福井県敦賀市金ケ崎町1-4
●http://kanegasakigu.jp

後醍醐天皇の皇子を奉じて北陸に下向した新田軍と足利軍が戦った城跡。明治に入り、尊良親王と恒良親王をお祀りしたのが始まり。桜の枝を交換する「花換まつり」も有名。

難関突破　恋　金運

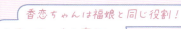

文化施設 福井

推し戦国武将は大谷吉継

◎よっしー・吉継おみくじ

吉継ファンなら テンション最高潮

プレミアム大吉もある

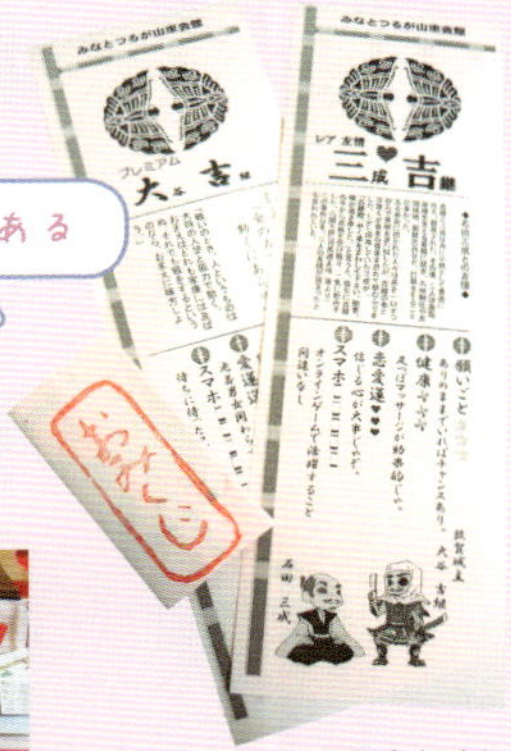

敦賀のご当地戦国武将、大谷吉継は公認キャラ「よっしー」としても親しまれている。山車会館では、2016年NHK大河ドラマ「真田丸」での吉継の登場をきっかけにファンコーナーを開設。おみくじは、当会館のオリジナルで、大谷吉継の「大」と「吉」の文字をとった「プレミアム大吉」がある。また、石田三成との美しい男の友情を表す、「三成&吉継」の「三吉」が出るのも素敵なところだ。

みなとつるが山車《や ま》会館《かいかん》
- 福井県敦賀市相生町7-6
- http://www.city.tsuruga.lg.jp/

氣比神宮例大祭のときに巡行する勇壮華麗な山車をはじめ、鎧・兜・能面・飾り太刀・飾り武者・飾り馬などの関連資料の展示をする施設。大谷吉継の常設展示室も人気。

神社 滋賀

熱い青春を呼び覚ませ

◎ちはやふるおみくじ

見た目も 百人一首

写真：末次由紀／講談社・VAP・NTV

これから技を 磨きたい人に

近江神宮の御祭神、天智天皇は百人一首第一番の歌の作者。競技かるたの大会が行われる境内の近江勧学館は、アニメ「ちはやふる」に登場する。「ちはやふる おみくじ」は、百人一首の歌とちはやふるのシーンの絵柄、おみくじの内容を合わせたもので、競技かるたに青春を捧げる登場人物たちとともに、熱いアドバイスが。技芸上達祈願でも名高い近江神宮に足を運べば、何かに打ち込みたい人は士気が上がるはず。

近江神宮《おうみじんぐう》
- 滋賀県大津市神宮町1-1
- http://oumijingu.org

開運厄除　学業成就　交通安全　産業繁盛

大津京を開いた天智天皇を御祭神とし、琵琶湖西岸の山裾にある大津京跡隣接地に鎮座。水時計の漏刻による日本初の時報にちなんで、時計館宝物館もある。

商店
三重

お伊勢帰りのお使いわんこ

ほんの気持ち、も運んでくれる

お土産にも最適

「おかげ犬」とは事情があって行けない飼い主の代わりにはるばるお伊勢参りをして、お札を持ち帰ったとされるお使い犬。おかげ犬に入ったおみくじには、凶はない。キーワードで占う運勢とともに、お伊勢参りの豆知識などが書かれ、土産話が詰め込まれている。伊勢に行ったら、大切な人に贈ってみてはいかが。このおかげ犬がその人へのお使いとなり、お伊勢さんのご利益や楽しさを届けてくれるに違いない。おみくじを引いた後は置物として楽しめる。

◎おかげ犬みくじ

白、黄、黒の3色

おみやげや

- 三重県伊勢市宇治中之切町（おかげ横丁内）
- http://www.okageyokocho.co.jp/

1993年、伊勢神宮内宮門前町の真ん中にお伊勢さんの「おかげ」という感謝の気持ちを持って開業したおかげ横丁。食事処、名産品、工芸品など多数の店舗で構成される。

伊勢うどんは茹でっぱなしにできるため、お伊勢参りの客に素早く提供できた。

商店 京都

激辛のデトックス効果

◎辛口おみくじ

辛口コメントは
オネエ口調で

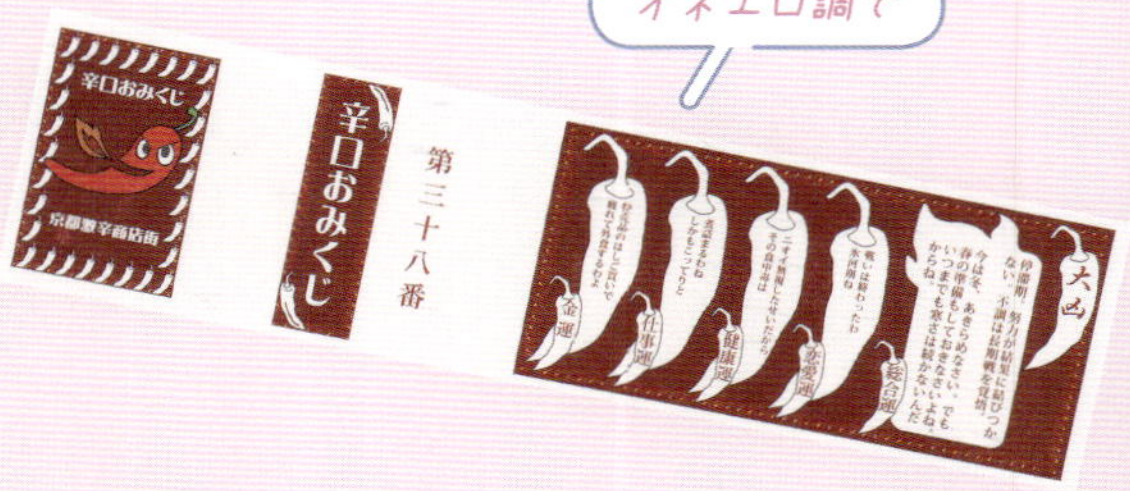

痛みの奥の旨味に じわじわハマる

辛いと「つらい」を掛け、つらさを捨てるためのおみくじに並ぶのは、想像を絶する酷い言葉。ところが、オネエ口調も手伝って、人生の「辛さ」への鋭い共感は自虐的な爆笑を誘い、不思議と悩みが吹き飛ぶ。大半が凶と大凶だが、吉なんてヌルいと言いだしたらすでにこのおみくじの虜だろう。この中毒性、まさにおみくじ界の激辛料理だ。大大凶でもらえる認定証を目指して、激辛の頂点を極めよう。

京《きょう》都《と》向日《むこう》市《し》激辛《げきから》商店街《しょうてんがい》

- 京都府向日市
- http://www.kyoto-gekikara.com/

2009年、町おこしの一環として発足。辛くておいしい料理を提供する店は約60店舗、不動産屋、文具店、クリーニング店なども加盟。町に点在する店舗を商店街に見立てて展開。

観光施設 京都

ラッキースポットをさがせ！

◎たわみくじ

英語版「TAWAMIKUJI」もあり！

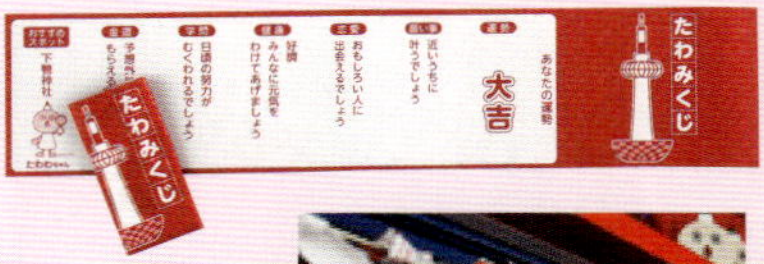

京《きょう》都《と》タワー

- 京都府京都市下京区烏丸通七条下ル東塩小路町721-1
- https://www.keihanhotels-resorts.co.jp/kyoto-tower

ホテルや展望室がある、京都のシンボルとも言える京都タワー。最上階の展望室には「たわわちゃん神社」があり、オリジナルグッズや絵馬、おみくじを展開している。

見つけて、行って 二度ラッキー

高いところに登ると願いごとや占いをしたくなるのは、時代を超えた人類共通の思い。多くの神社仏閣がある京都市街で一番高い神社ともなれば、なおさらだ。それが京都タワー展望室の「たわわちゃん神社」。ここで引ける「たわみくじ」は、おすすめスポットの項目に京都の名所が書かれている。展望室から確認するのもよいが、実際に足を運べば、また違う発見があるはずだ。なお、英語版もある。

神社 京都

飛行機に思いを乗せて

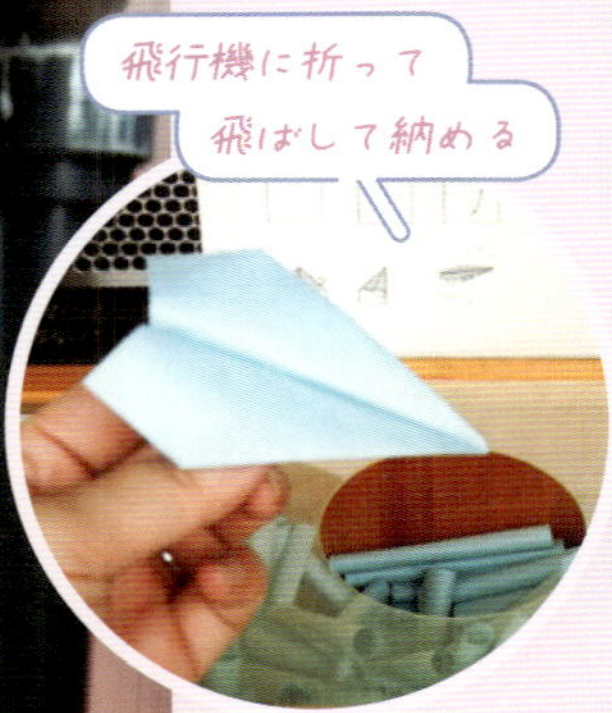

◎神飛行機みくじ

飛行機に折って飛ばして納める

先駆者の勇気を感じる

ライト兄弟よりも早く、飛行機の仕組みを発見していた日本人がいた。評価こそ遅れたが、二宮忠八は周りの無理解にもめげず研究を貫いた。彼が後に建てた飛行神社のおみくじは、納めるときにおみくじの紙を紙飛行機に折り、奉納鳥居の茅の輪をくぐるように飛ばす。よい結果なら願いを通し、悪い結果なら祓う意味合い。輪に入り損ねても再チャレンジして、二宮忠八の不屈の精神に思いを馳せよう。

飛行神社（ひこうじんじゃ）
- 京都府八幡市八幡土井44
- http://hikoujinjya.kyoto.jp

日本の飛行機の父・二宮忠八が1915年に創建。航空殉難者の御霊を祀り、空の安全を祈る神社は日本唯一。境内には飛行機関連の資料を展示している「二宮忠八資料館」がある。

旅行安全　渡航安全　航空安全　合格祈願

神社では6月末に、鳥居に取り付けられた茅の輪をくぐる「夏越しの大祓」の行事がある。

商店
大阪

ハシゴ酒の数だけ運試し

◎虎目みくじ

9つの名店のディナーで
もらえる特典付きおみくじ

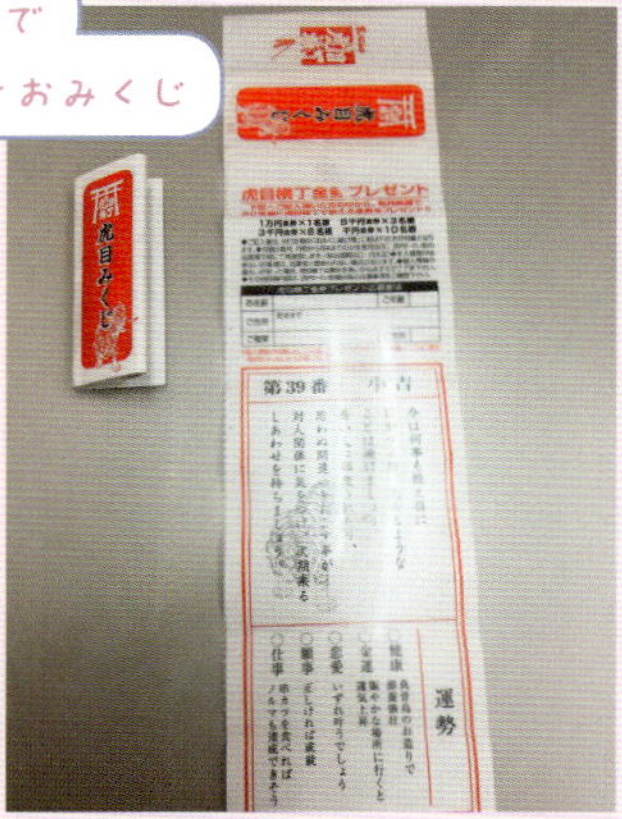

大阪グルメを一挙に堪能

入り口の鳥居をくぐれば、そこはノスタルジックな酒場。虎目横丁は、大阪下町情緒が存分に味わえる屋台村だ。9店舗が集まり、こだわりの大阪グルメで楽々ハシゴ酒できる。ディナータイム注文で1店舗に1回もらえるおみくじは、大吉で各店ごとにドリンク1杯無料などのサービスがあり、運勢占いに加えて金券が当たる応募券付き。ほろ酔いでの「運試し」には、しばし日常を忘れる幸福感がある。

裏《うら》なんば虎目《とらめ》横丁《よこちょう》

●大阪府大阪市中央区千日前2-3-15
●https://虎目横丁.com

繁華街・難波の一角に、9店舗の飲食店が集まった屋台スタイルの横丁。イベントの開催もあり、大阪の新しい観光、グルメスポットとなっている。横丁の入り口には鳥居がある。

観光施設
兵庫

海を眺め、恋の成就を願う

◎敦盛恋みくじ

桜の中で恋も満開

※「敦盛恋みくじ」は2018年以降の授与は未定です（2017年9月現在）。

須《す》磨《ま》浦《うら》山《さん》上《じょう》遊《ゆう》園《えん》

●兵庫県神戸市須磨区一ノ谷町5-3-2
●http://www.sumaura-yuen.jp

須磨浦公園駅下車すぐの遊園地。バーベキュー、サイクルモノレール、遊具など施設が充実。瀬戸内海が一望でき、四季折々の自然も楽しめる。

敦盛桜開催期間限定 カップルと女性限定

須磨浦公園、須磨浦山上遊園、須磨寺、須磨離宮公園周辺の桜を、須磨浦と縁の深い平敦盛にちなみ、「敦盛桜」と名付けている。桜の開花時期に合わせて開催しているイベントは、夜はライトアップされ、デートに最適。「敦盛恋みくじ」は、この期間限定で、ロープウェイを利用したカップルと女性のみが引ける。「出会っただけでも73億分の1の奇跡」とか、「自分をさらけ出せる人が勝ち」といった言葉で、恋は必ず前進だ。

神社
鳥取

妖怪にいただくご利益

◎からくり妖怪みくじ

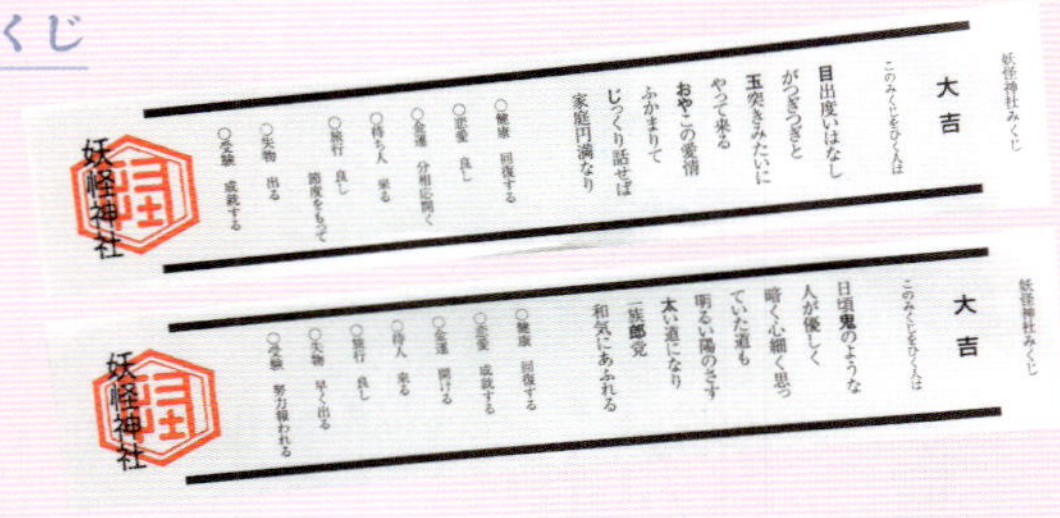

さまざまな妖怪が運んでくる

妖怪が住みやすい環境にすることも目的として創建された妖怪神社。水木しげる先生の作品に登場するさまざまな妖怪のからくり人形が、カプセルに入ったおみくじを運んでくる。おみくじに記載されたメッセージには、どこかに妖怪関連の文字が紛れ込んでいるが、太文字になっているので見つけやすい。からくりのエンターテインメントを楽しんだ後は、妖怪からのありがたいお言葉を胸に刻みたいものだ。

左右の人形が丁寧に
お辞儀する

妖怪神社《ようかいじんじゃ》

● 鳥取県境港市大正町62-1
● http://www.yo-kai.net

2000年、「ゲゲゲの鬼太郎」の作者・水木しげる先生の故郷である境港市の「水木しげるロード」に創設。御神体の裏手には「目玉石」という黒御影石がある。

家内安全　交通安全　厄除開運　心願成就

文化施設
鳥取

小ネタ満載ご当地おみくじ

◎鳥取砂丘おみくじ

鳥取のご当地ネタ
凶がでれば強運！

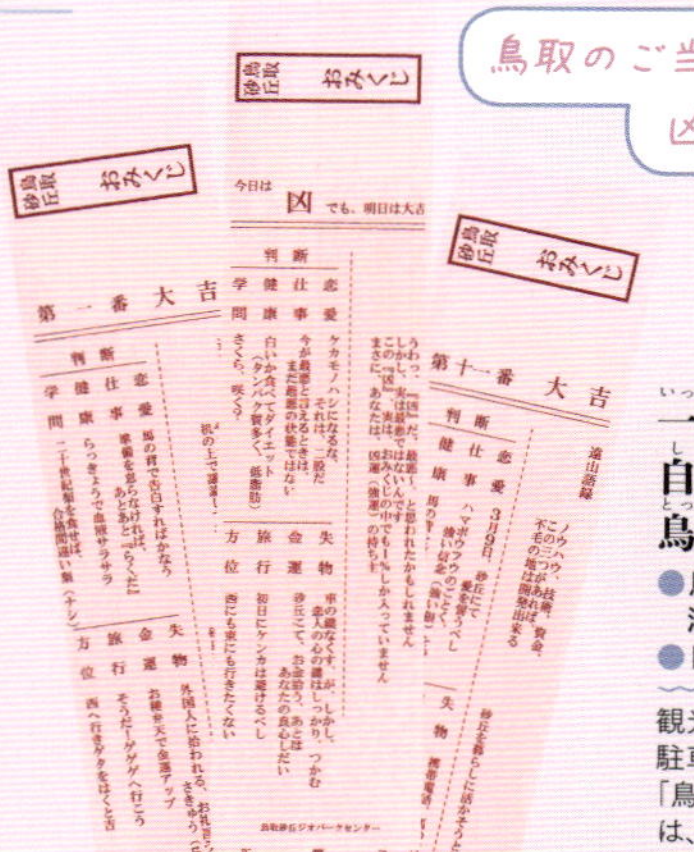

砂丘の懐深さに引き込まれる

鳥取砂丘に隣接する、駐車場内のパークサービスセンターで、おみくじが引ける。昭和の神社のおみくじのような渋い外見ながら、「今日は告白を我慢すな（砂）」、「よき知らせを待つばかり（松葉ガニ）」といった、砂丘の地形や生き物、鳥取のご当地ネタなどに絡めたギャグ満載の内容というギャップが趣深い。これらは当センター職員のオリジナルだ。なお、1%だけ凶があり、引いたらむしろ強運（凶運）とのこと。

一般財団法人《いっぱんざいだんほうじん》
自然公園財団《しぜんこうえんざいだん》
鳥取支部《とっとりしぶ》

● 鳥取県鳥取市福部町湯山2164-661
● http://www.bes.or.jp

観光ガイド、公園の美化清掃、駐車場管理などを行っている。「鳥取砂丘ジオパークセンター」は、2010年に開設され、砂丘の生いたちを標本や映像で展示紹介している。※2018年開設予定のビジターセンター工事のため、仮設運営中（2017年9月現在）。

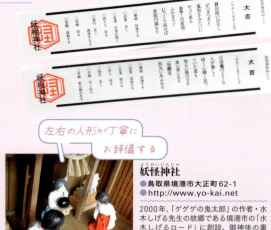

観光施設
島根

おみくじっぽい観光案内

◎おみくじ風チラシ

観光スポットとコメント付き

なぜか行かずには いられなくなる

出雲大社のお膝元、松江市「縁結び観光協会」が作った縁結びアイテムの一つ。おみくじ風に大吉〜小吉を添えて観光スポットを紹介した、観光チラシである。観光案内所やご当地メニューの飲食店、県外PRイベントなどで配布。あくまで「おみくじ風」とのことだが、こんなふうに紹介されるとつい運命を感じてしまう。もはや足を運ばずにはいられなくなるだろう。これぞ、おみくじの力なのだ。

神話《しんわ》の国《くに》 縁結《えんむす》び観光協会《かんこうきょうかい》

- 島根県松江市殿町1 松江市観光振興課内
- http://en-musubi.net

出雲大社をはじめとする縁結びの地「出雲路」は島根県東部の、県内でも一番観光客が多いエリア。出雲市、松江市、安来市のエリアの観光振興を担当している。

商店
島根

勾玉《まがたま》の飴はお土産に最適

◎縁結びあめ おみくじ付き

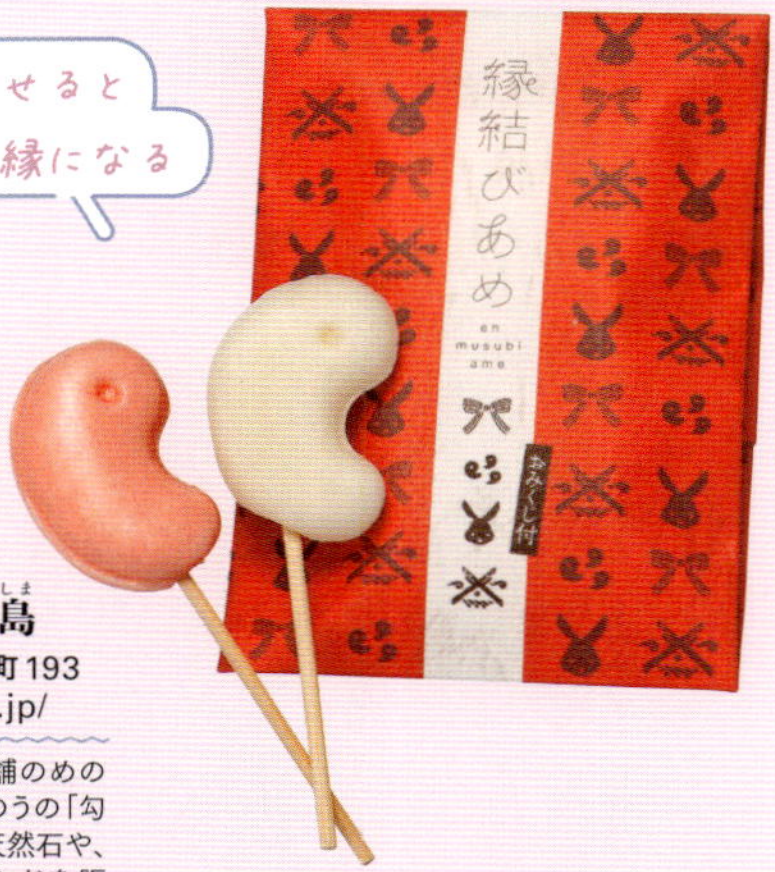
飴を合わせると円＝縁になる

めのうの店《みせ》 川島《かわしま》

- 島根県松江市殿町193
- http://1877.co.jp/

明治10年創業の老舗のめのう店。出雲特産青めのうの「勾玉」をはじめとする天然石や、御朱印帳、和雑貨などを販売している。出雲の旅のお土産として人気。

縁結びの地、出雲から 幸せを運ぶメッセージ

松江城前と出雲大社前に構えるお土産店。人気の「縁結びあめ おみくじ付き」は、小吉、中吉、大吉、大大吉の４種類で、出雲大社の「社殿」、出雲特産の「勾玉」、大国主命（オオクニヌシノミコト）のお使いである「因幡の白兎」、縁結びをイメージした「リボン」の描かれたパッケージがかわいい。ピンクと白の勾玉型をした、二つあわせると「円＝縁」となる飴は、おみくじを読みながら味も堪能しよう。

10月が神無月と呼ばれるのは、全国の神様が出雲に集まり地元を留守にしてしまうから。

商店
島根

うさぎが運ぶ、人とのご縁

◎うさぎみくじ

運勢は出雲弁！

出雲のパワーを かわいいお土産に

出雲大社前のお土産物店「えすこ」だけで買える、オリジナルおみくじ。「因幡の白兎」の神話では、出雲大社に祀られている大国主命（オオクニヌシノミコト）に助けられたうさぎが、直後に結ばれる縁を予言した。このおみくじのうさぎも、縁について教えてくれる。大吉～末吉で、凶はなく、出雲弁でシンプルに運勢を語りかけるご当地感がうれしい。ちなみに「えすこ」は出雲弁で「いい具合」という意味があるだけに、おみくじの運勢もいい具合の内容だ。

えすこ 出雲大社前店《いずもたいしゃまえてん》

●島根県出雲市大社町杵築南841
●http://www.magatama-sato.com/esuko/

“えすこ”とは出雲弁で“いい具合”を意味する。そんないい具合の雑貨、食品、お菓子、工芸品を取り揃えたお土産物店。非日常のご縁を日常の縁につなげていく提案をする。

お寺
広島

小さなタイムスリップ体験

◎１年後の手紙

自分で書いた手紙が
１年後に届く

１年の時を経て 希望を託そう

尾道は、実写映画「時をかける少女」の舞台になった、歴史と路地が交錯するどこか懐かしい坂の町。そんな町並みと瀬戸内海を見下ろす千光寺では、一年後の自分や誰かに、手紙を出すことができる。御祈祷して1年後に改めて送ってくれる仕組みだ。これに申し込むと付くおみくじは、凶はなく、未来に希望を持てる内容。往返信用封筒、便せん、切手がセットされており、ボトルにはおみくじのほか、海の砂も入って美しい。

千光寺《せんこうじ》

●広島県尾道市東土堂町15-1
●http://www.senkouji.jp

縁結び　開運厄除

弘法大師様の開基で、中興は多田満仲公と伝えられている。1年を通じて千変万化、風光明媚なことから往古より多くの文人墨客が訪れる。「玉の岩」の伝説も有名。

商店 高知

気軽に味わう小さな芸術品

◎おみくじだるま

100個に1個、
スペシャルだるまあり！

完全手作りで すべて違う表情

多くのおみくじは専門業者が手がけているが、ここの「おみくじだるま」は一般の方（複数人）の手作りである。作り手の個性が出た自然な美しさは、一つの作品だ。そんなアートがガチャで気軽に手に入る「おみくじだるま」は、顔で「○吉」を表現。表情や雰囲気からも何となく占える。レアでラッキーな金色や、ご当地、季節などの限定物も登場。取り扱っているお店の場所は、製作元WEBサイトで確認を。

アートセンター画楽《がらく》
- 高知県高知市はりまや町3-16-8
- http://www.garaku-ch.org

「おみくじだるま」製作元。障がいのある人の得意を活かした仕事作りと、彼ら個々による自主的な表現活動を支援。作品発表や商品化を通して、新しい価値を社会に発信している。

観光施設 福岡

いろんなポーズのくろちゃん

◎鉄道神社 くろみくじ

正月限定で
「特大吉ワン」がある！

JR博多《はかた》シティ
- 福岡県福岡市博多区博多駅中央街1-1
- http://www.jrhakatacity.com/

JR博多駅にある、アミュプラザ博多、博多阪急、アミュエスト、博多デイトス、デイトスアネックスなどが集合した商業施設。鉄道神社はアミュプラザ博多の屋上にある。

くまモンと並ぶ 九州の人気キャラ

博多駅の駅ビルJR博多シティの屋上庭園は、旅の安全を祈る鉄道神社を中心に据えた憩いの場。この広場の駄菓子店で引けるのは、JR九州・観光列車のイメージキャラクター「くろちゃん」のおみくじだ。くろちゃんの言葉なので、語尾にすべて「ワン」が付く。「中吉ワン」などランク名にまで付くのがかわいい。凶はなしで、お正月には「特大吉ワン」も出る。吉ランクごとに違ったポーズのくろちゃんが、ファンに大人気だ。

くろちゃんを生んだデザイナーは、JR九州の列車のデザインも手がけている。

商店
福岡

縁結び童子がご縁を導く

◎「縁結び童子」おみくじ

いつもの街角で お告げとご利益

おまじないが
付いている！

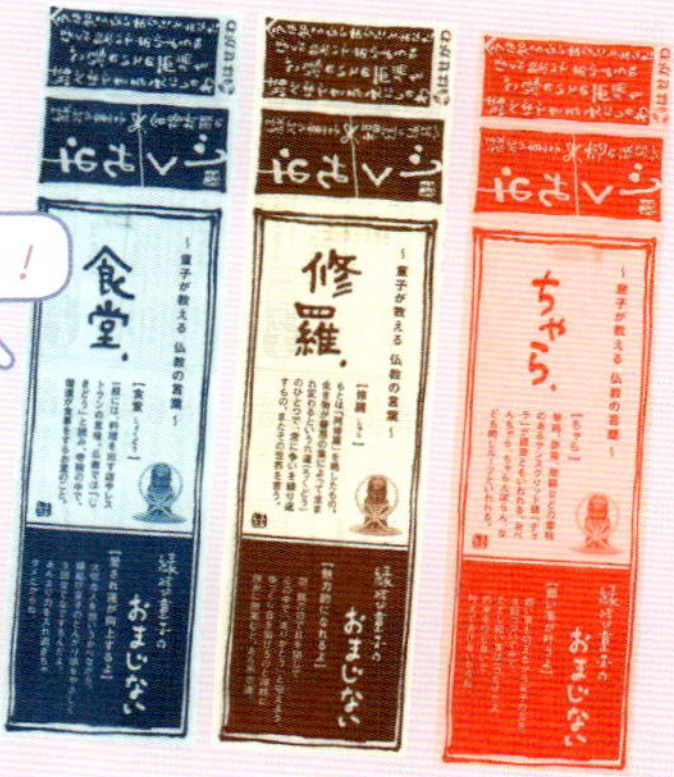

レトロな商店街の仏壇屋さん前にある「縁結び童子」像は、奈良県の公式マスコットキャラクター「せんとくん」の作者として知られる籔内佐斗司氏の作品。縁結び童子の独り言で占ってくれるおみくじは、各運勢項目に加え、仏教の言葉やおまじないを通してさまざまなご縁の大切さを教えてくれる。凶はなし。お守りとして持ち帰ってもいいし、童子が持つ縁結びの輪に結んでもよい。頭をなでて、パワーをもらおう。

株式会社《かぶしきがいしゃ》はせがわ福岡本店《ふくおかほんてん》
- 福岡県福岡市博多区
  上川端町12-192
- http://www.hasegawa.jp/

西日本、関東、東海エリアの117店舗（2017年3月現在）にて、墓石、仏壇、仏具の販売を行う。福岡本店では、しあわせ観音と縁結び童子がお客様を迎える。

文化施設
福岡

ロボットが駅で旅を見守る

◎黒崎神社 おみくじロボット

切符モチーフで
大吉、中吉、吉の3種類

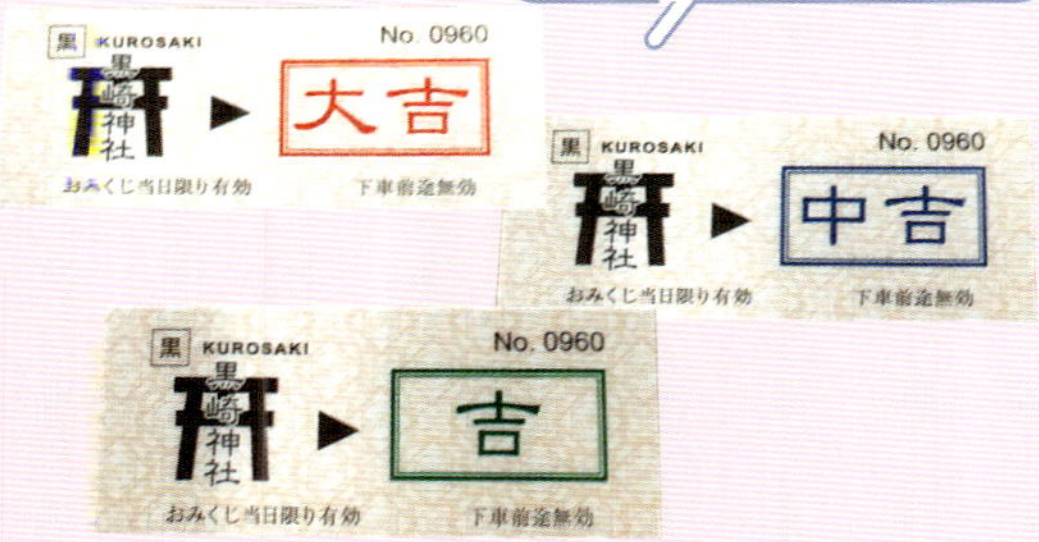

幼いころ想った 未来がここに

生き物と見まがうほど滑らかな動きで、ロボットの腕がレールをつなげながらボールを運ぶ。おしゃべりまでするので、親しみやすい。最後にボールの入った穴が、今日の運勢だ。黒崎に本社を持つ産業ロボットメーカー安川電機が、地域の活性化と、黒崎駅利用者の旅の安全を願って設置した。おみくじ結果は、切符風の紙で出てくる。出発前に引いて、未来を夢見ながら気分よく送り出してもらおう。

JR九州《きゅうしゅう》 黒崎駅《くろさきえき》
- 福岡県北九州市八幡西区黒崎
  3-15-1
- https://www.jrkyushu.co.jp/

JR九州鹿児島本線にある黒崎駅。黒崎神社は、黒崎地区の活性化支援を目的として、2015年8月、改札口内に設置された。おみくじロボットの利用は、9時30分～17時。※不定期での調整あり。

観光施設 福岡

ご当地トリビアの宝庫

◎福岡タワー神社 博多っ子おみくじ

地元ネタが満載！

旅の記憶に残る おもしろネタの数々

展望台にある「福岡タワー神社」は、それ自体が電子式おみくじ機。コインを入れると映像でバーチャル参拝が始まり、最後にご当地キャラのフータくんが教えてくれる番号の棚から用紙を引く。博多弁で地元ネタを盛り込んだ占いに加え、博多っ子しか知らないような笑えるカルチャーや、福岡タワーの豆知識など、トリビア満載。マニアックで濃厚なおもしろ情報が、お土産としても喜ばれている。

福岡《ふくおか》タワー
- 福岡県福岡市早良区百道浜2-3-26
- http://www.fukuokatower.co.jp/

海浜タワーとしては日本一の高さ（234m）を誇る展望施設。飲食店やお土産物店が集まり、展望室からは福岡の街や海、山を360度パノラマで楽しめる。

文化施設 福岡

福岡の文化財が続々登場

◎福岡市博物館福みくじ

収蔵品や福岡市の遺跡にちなんだ運勢

歴史に興味がわく 展覧会おみくじ

2017年1月5日から2月5日までの期間限定で、ゲーム「刀剣乱舞」に登場する日本刀「へし切長谷部」公開に合わせ福岡市博物館に登場し好評だったおみくじ。凶はなく、同館の収蔵品や福岡市内の遺跡などにちなんだいろいろな吉があった。例えば「漢委奴国王」金印なら「なこ吉」、同じく刀剣乱舞に登場する「日本号」なら「にほ吉」といった具合。福岡城整備基金に100円以上の寄付で1枚引けた。

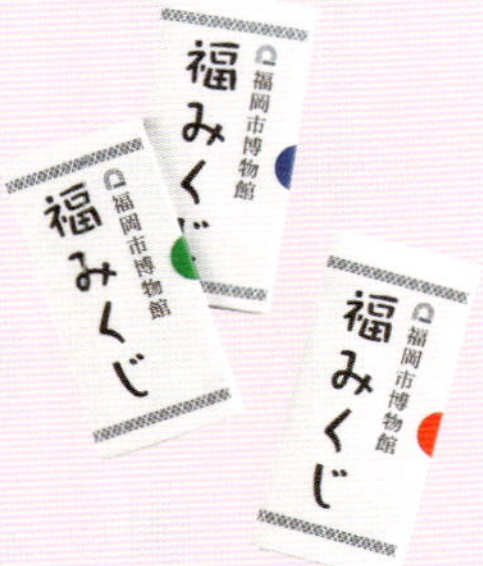

※現在は授与していません（2017年9月現在）。

福岡市博物館《ふくおかしはくぶつかん》
- 福岡県福岡市早良区百道浜3-1-1
- http://museum.city.fukuoka.jp/

1990年に地域の歴史と民俗を研究・展示する博物館として開館。金印を常設展示している。正面ゲートと博物館の間には、広さ2,000平方メートルもある池がある。

福岡県の一部の神社では、正月や祭のときに縁起物や日用品の当たるおみくじや福引きがある。

| 商店 福岡 | # 昔なつかしいお菓子と辻占
◎金トキ豆

明治から昭和初期のレトロな時代感

ハトマメは130年続く伝統のお菓子！

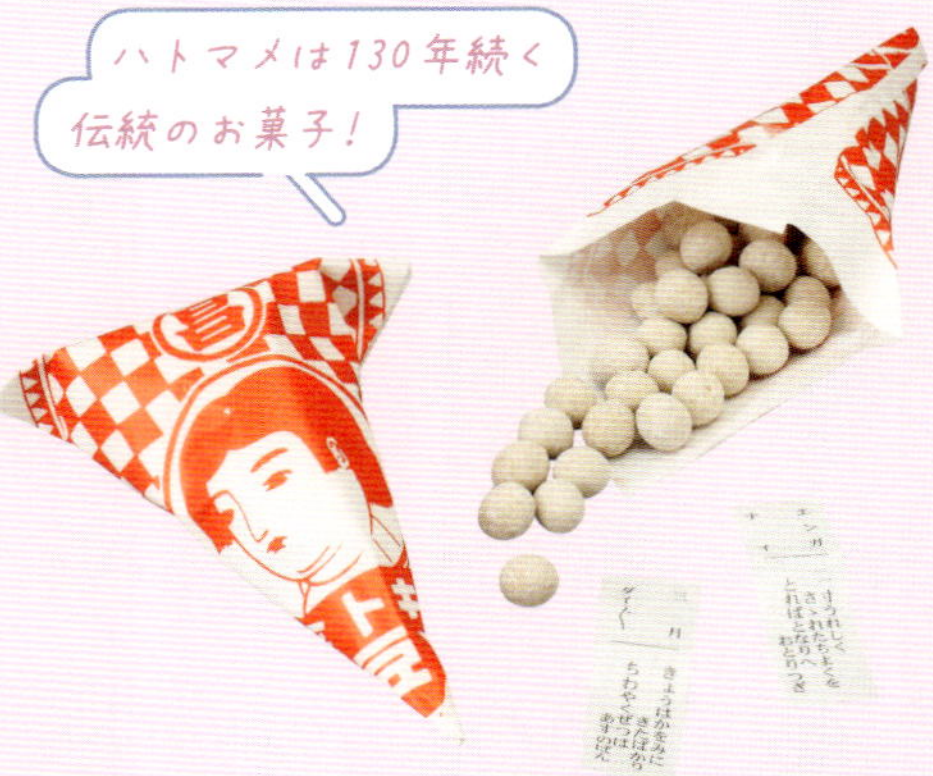

金太郎さんのレトロな袋には、豆を模した小麦粉製のお菓子と、独特のおみくじが。「子どもたちにひもじい思いをさせたくない」との願いを込め、平和を象徴する鳩から名付けられたハトマメは、明治時代から変わらぬ製法。「金トキ豆」に入れられた全42種のおみくじにはウィットに富んだ都々逸調の詩が書かれ、明治時代の辻占の姿を留めている。おみくじを入れ始めた昭和初期から変わっていないのは貴重だ。

ハトマメ屋
- 福岡県朝倉市宮野1910-3
- http://hatomame.jp/

できたて、無添加にこだわったお菓子を提供。金トキ豆以外にも豆菓子や、焼きたてのお餅をはじめとする和菓子、シュークリームなどの洋菓子といった多種多様なお菓子が揃う。

| 文化施設 熊本 | # 誰かのために祈りたい
◎元気だ熊本おみくじマシーン

募金でスタンプ形式のおみくじがもらえる

募金はボランティア団体に寄付される

災害募金を集める際に、募金してくれる人が楽しめるものとして開発したおみくじマシーン。阿蘇カラクリ研究所の福山氏が一人で手がけた。マシーンは、募金をすると7種類（大吉から凶まで）のおみくじスタンプが回転し、専用シートにスタンプが押される仕組み。熊本にゆかりのある数種のBGMも流れる。震災からの街の復興を願うにあたり、おみくじのポテンシャルはとてつもなく高い。

阿蘇カラクリ研究所
- 熊本県阿蘇郡南阿蘇村河陽1456-1
- http://www.asokara.com/

阿蘇において人生のカラクリを日夜研究している。略称「アソカラ」。代表の福山氏一人で、さまざまなアイデアをマシーンに。動画や文章など機械以外のものも手がける。

お菓子以外でオマケの元祖としては、江戸後期の富山の薬売りが知られている。

観光施設 大分

神主姿のくろちゃんが占う
◎鉄道神社 くろみくじ

鉄道界の大人気キャラクター

JR九州のキャラクター「くろちゃん」が占う

大分駅の巨大な駅ビル、JRおおいたシティには日本最大級の屋上庭園があり、約1,000本の四季折々の木々や花々の中に鉄道神社が設けられている。当神社は、国指定重要文化財である豊後一ノ宮・柞原（ゆすはら）八幡宮の御分霊を受けており、JR九州キャラクターである「くろちゃん」のおみくじを引くことができる。神主姿のくろちゃんが語りかけるような内容のおみくじは、幅広い層に愛されている。

JR おおいたシティ
- 大分県大分市要町1-14（JR大分駅直結）
- http://www.jroitacity.jp

飲食店やファッション店、雑貨店が集まるアミュプラザおおいた、JR九州ホテルブラッサム大分、シティスパてんくう、シティ屋上ひろばで構成される商業施設。

商店 宮崎

ご当地飴で贈る小さな幸せ
◎日向ひょっとこおみくじ

福を呼び厄を祓う縁起のよいお菓子

ひょっとことおかめの顔が入った金太郎飴入り！

ひょっとことおかめで1ペアずつの金太郎飴と、文学の一節で占うおみくじを詰めたプチギフトパッケージ。凶はない。お土産物店や道の駅、インターネットで買える。モチーフの「日向ひょっとこ踊り」は厄年に踊って厄祓いする地元の伝統を受け継ぎ、神の導きや夫婦和合をユーモラスに表現している。終盤にはお祓いを表す所作も。毎年8月の「日向ひょっとこ夏祭り」では、全国からの出場者による競演が熱い。

まるごと宮崎（川長物産合資会社）
- 宮崎県日向市細島772
- http://www.miyazakiya.jp/

明治23年創業で、食品加工卸小売業を営む。乾椎茸や千切り大根など、地元の農産乾物が中心。おみくじは、地元のお土産物店や道の駅およびインターネットでの販売。

集めました! キャラみくじ

ご当地キャラやメーカーキャラのおみくじが続々と登場している。共通するのはどれも見た目がかわいらしいこと。心が躍る、人気キャラクターのおみくじを集めた。

キティちゃんがコスプレ

© 1976, 2017SANRIO CO.,LTD.APPROVAL NO.S581711

はろうきてぃ 開運占い 干支シリーズ

神社仏閣でも干支みくじを扱っているところが多いが、干支モチーフのかぶりものをしたキャラクターはほかにない。干支に扮した招き猫のポーズのキティちゃんが、一年の安泰や幸福を呼んでくれそう。紐を引くと、中から開運占いの紙が出てくる。

肩の力を抜いて引く

©2017 San-X Co., Ltd. All Rights Reserved.

Rilakkuma 開運占い

癒やし系キャラとして大人気の、着ぐるみのクマのリラックマがおみくじに。コリラックマ、キイロイトリのタイプもあり、その存在感だけで心が落ち着く。リラックマのグッズの中でも、おみくじは珍しいのでは。吉のみ5種類、どれを引いても幸運度アップだ。

癒やしのひとときへお招き

おみくじ工房

温泉招き猫

福を呼ぶ縁起物として人気の招き猫は、全国にさまざまな種類がある。この招き猫は、白猫で「来福福招き」のご利益があり、左手を上げているので「人招き」の意味がある。中に入っているおみくじは、大吉、吉、中吉、小吉、末吉。

なぜだか落ち着く
おみくじ

©2017 San-X Co., Ltd. All Rights Reserved.

すみっコぐらし

すみっこにいるとなぜだか「落ち着く」ということはない？　はずかしがりやのねこ、食べ残し（?!）のとんかつ、自信がないぺんぎん?、さむがりのしろくまが、あなたの気持ちに寄り添ってくれる。ちょっぴりネガティブなすみっコたちだけど、おみくじは前向きな内容。

元気を届ける
ことが使命

くまモン

熊本県許可＃K3038

ご当地キャラというより、全国区の活躍を見せるくまモン。笑顔でバンザイした愛らしい姿は、ひと目見ただけでも明るい元気パワーを分けてくれる。おみくじは吉のみの５種類。普段目につくところに置いて、毎日をくまモンに応援してもらおう。

株式会社おみくじ工房

● http://www.omikujis.net

雑貨の企画・製造・卸を営む。陶器おみくじの考案者でもあり、さまざまな縁起物の企画・製造を手がける。職人のプライドと柔軟性を持って開発する製品は、自社オリジナルをはじめ、企業や自治体とコラボしたものも多い。工房は伊勢神宮のそばに構える。

手のひらで
幸運を

©2017 San-X Co., Ltd. All Rights Reserved.

まめゴマ開運占い

アザラシをモチーフにした、手のりサイズのまめゴマ。人懐っこい性格で、なれると呼びかけにもこたえてくれるそう。そんなまめゴマと一緒に入ったおみくじで幸せをつかもう。手のひらの幸せを逃がさないように。

陶器にいのちを吹き込む

立体のぬり絵

全国にある陶器に入ったおみくじ。一つひとつ見ているとどれも違った表情をしている。それが手描きの魅力。おみくじ工房では、この陶器にぬり絵する「おえかき工房」を各地に出店している。おみくじは入れられないが、オリジナルのマスコットを作り、身近に置くと楽しい。

素焼きの白い陶器に、
好きな色で着色。

いろんなタイプのモチーフがある

水族館

動物園

恐竜

タウン

Column

おみくじの豆知識 4

戦前にも人形系おみくじがあった

かわいい人形の中に詰めてあるおみくじが、目下大人気だ。このタイプ、早くは戦前から存在を確認されているものがある。それは宇佐神宮の授与品だった「みくじ鳩」。昭和７年ごろに作られた当初は、紙を貼り重ね固めて立体造形を作り、その上に彩色する繊細な張り子製。胸に貼ってある「みくじ鳩」と書かれた紙をはがすと穴があり、そこにおみくじが入っていた。戦後は土人形に変更され、昭和40年ごろには残念ながら廃絶。現在は、おみくじこそ入っていないものの、大分県の「豊泉堂」が土鈴として復刻し、その愛らしい姿を今に伝えている。

おみくじ自動販売機は明治からあった

おみくじの自動販売機で最も古いのは、おみくじの製造団体である女子道社が明治39年創業時に作った赤いタイプ。無人の寂れた神社でも見られるほど、今も多くの設置数を誇る。巫女さんの人形が運ぶカラクリ自販機の登場は、大正から昭和初期ごろ。遊園地の遊具を数多く手掛けた遠藤嘉一氏がはじめて作り、デパートの屋上遊園地を中心に広まっていった。その後、平成に入っても、例えば錦天満宮（P. 64）の宮司が開発した獅子舞のカラクリ自販機をはじめ、個性的なものが作られ続けている。現在では、㈱アピエスがおみくじ自販機の主力として、新たな開発やメンテナンスを一手に担う。

おみくじよもやま話

おみくじにまつわる話題は噂レベルのものばかり見聞きしがち。気になる噂の実情や歴史的根拠などを検証する。

今も昔も凶を抜く

昨今、凶をあらかじめ抜いておくところは多い。観光地などで、せっかく行楽に来た人をがっかりさせない気づかいからだ。初詣シーズンのみ凶を抜く寺社もある。さまざまな見解はあるが、邪道とは言い切れない。遠い昔、中国で史実上最も古い殷（いん）という王朝では、政治の場で骨占いを用いていた。動物の骨を焼いて、ヒビの入り方で吉凶を見るという最も原始的な占いの一つだ。最新の研究では、これに使われていた骨の裏側に、よい結果のヒビが入るよう細工をしてあるのが発見されている。一国を動かすのは並大抵でないし、やむをえぬ事情もいろいろとあるだろう。それに、偶然であれ故意であれ、誰かが縁起のよい兆しを見ることで、物事が実際によい方向に転がっていくことはある。人の心は何千年を経ても変わっていない。おみくじがささやかな幸福を与える役割を担うというのも、有効な活用法ではないか。

ところで、凶よりさらに抜かれるのは大凶だ。全体としてほとんど見ることがないほどの確率なので、大大吉の類いよりむしろレアでラッキーとも言える。また、凶が出たら励ましにささやかな特典を用意してくれるところも出始めた。底を打ったら、あとはよくなるしかない凶。いっそ思いっきり楽しんでみては。

利き手と反対の手で結ぶ

おみくじを結ぶ習俗は、遅くとも江戸中期には確認されている。さらに凶が出たとき、利き手と反対の手で結べば吉に変わるという俗信も、案外古くからルーツがありそうだ。遠野物語には、「卯子酉様（うねどりさま）」という祠（ほこら）が登場する。ここで「願をかけると、不思議に男女の縁が結ばれた」という。いつしかこの祠での祈願の方法は、赤い布を利き手と反対の手で結ぶことになり、現在に至る。結ぶこと自体に願かけの意味があるし、利き手と反対にするのは、あえて困難なことをするプチ修行のようなもので効力を増すと考えられたのだろう。おみくじに関する結び方の俗信も、こうしたいろいろな要素が混ざって生まれたのかもしれない。

おみくじよもやま話

3回引きルールが出回ったわけ

おみくじの引き直しは三回まで、という俗信。諸説あるが、江戸時代の占いによるという考えは有力そうだ。「天満宮六十四首歌占」という歌占本では、1～4の番号が書かれた棒の入った筒を三回振り、順番に出た組み合わせで占う。また、辻占では、三回引いて、出た言葉を自分なりにつなげて解釈する遊び方があった。これらから、何となく三回というのが定着したのだろう。明智光秀も、本能寺の変の前におみくじを三回引いたと言われる。どうやら何度も引いたらしいが、正確な回数や形式は不明だ。この明智光秀の「三回」は、俗信を踏まえた後世の脚色と考えられる。

おみくじは教育分野へ

近年、各地の図書館では、おみくじ形式で本を紹介する試みが増えている。おみくじで出た途端、単なる推薦図書は自分だけに意味のある運命的な出会いへの呼び声に変わる。そもそも本には「書物占い」というおみくじに近い使い方もあり、偶然開いたページから今の自分に必要な言葉を得ることができる。本というもの自体、人生のヒントの塊にほかならないからだ。図書館おみくじで出会った本をじっくり通読すれば、そのときどきにふさわしい学びが得られるのは疑いない。博物館・美術館や動物園・水族館などの文化教育施設でも、おみくじが活用され始めている。企画展などにちなんだ期間限定のおみくじ、あるいはそれに近いミニイベントが急増中だ。展示物に関するモノゴトや、取り上げた人物の名言を、おみくじ仕立てにする。これだけで展示内容がぐっと身近に感じられるし、自分に向けられたメッセージとなるからこそ記憶に残りやすい。自発的に興味を持って深く調べるきっかけにもつながる。こうした特性から今後おみくじには、教育分野への応用が期待されている。もし、おみくじ形式で日々を占いながら歴史や語学などを覚える教材ができれば、受験勉強も楽勝になるかもしれない。

フォーチュンクッキーは日本発

フォーチュンクッキーのルーツは、形からしてそっくりな日本の辻占煎餅だ。諸説あったが、遅くとも明治11年にはこれが日本で作られていたと判明し、中国の似たものよりも早くの誕生が裏付けられている。この辻占煎餅の製法を、大正時代のころに日本人がアメリカに持ち込み、英語の占いを入れて売り出した。これが中国系移民の手に渡り、アメリカの中華料理店で出されるようになったという。そして世界中に広まった。いずれにせよ、日本人と中国人の心に、世界でも稀なほど「おみくじ」の習俗が深く根付いているのを見るようで興味深い。

ネットおみくじ、おおいにアリ

それって邪道？という声がどこからともなく聞こえてきそうだが、何も神社仏閣で引くだけがおみくじではない。そもそも、おみくじが今のように結果の紙をもらう形になる前は、「みくじ本」という占いブック形式で普及していた。当初、「みくじ本」は寺社に据え置かれていて、出た番号のページを閲覧するものだったと考えられている。さらに広まった「みくじ本」は、一般人の持ち物となった。決め手は、江戸時代の「大雑書」という、各家庭に常備すべき生活百科事典のような本。この中に、漢詩おみくじ「元三大師百籤」の「みくじ本」の内容が丸ごと収録されるようになっていった。それも、振り出し式おみくじ筒を手作りする方法まで書かれていたというから、もはや「一家に一台」状態。江戸時代の占いブーム、あなどりがたし。携帯用のミニ本とミニ筒まで売られ、その気になればいつでもどこでもおみくじを引くことができた。これと、現代人がスマホなどのモバイル機器でおみくじのアプリやサービスを利用するのと、何が違うと言うのか。もちろん、旅をしてその場所ならではのおみくじを引くのには、かけがえのない体験価値がある。一方、それとは別に、普段の生活で身近におみくじを活用することも、何も問題ないのだ。

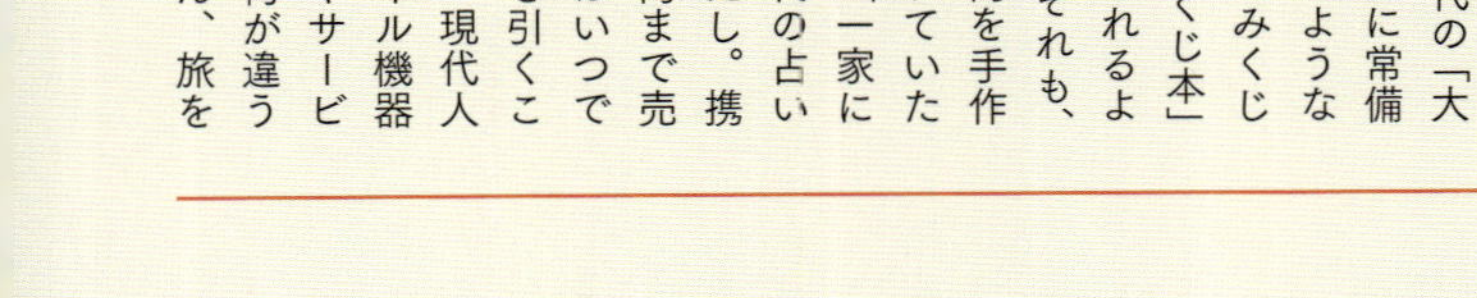

おみくじは終わらない

ここまで書き終えてみて、私自身驚くことがある。筆を進める間にも、おみくじの世界は発見の連続だ。それは折に触れておみくじを引いたとき気付く自分自身の変化だったり、新たなおみくじやその情報を知って考えが改まる瞬間だったりした。そして今後もおみくじと付き合い、日々の導きや楽しみとして身近に役立てていく限り、こうした発見はいつまでも続いていく。

もし本書を通じておみくじに親しみをいだいてもらえたなら、そんな感覚まで多少なりとも共有できていればこれほどうれしいことはない。これからこの本の続きを作っていくのは、今読み終えた読者のあなたなのだから。ここで紹介した以外にもおみくじは山ほどあるし、しかも新たに生まれ続ける。未知のおみくじを自分で見つける喜びが、この先いくらでも待っている。さっそく街へ出て、ご縁のあったおみくじと一緒に自分だけの人生のストーリーを紡いでいってほしい。

なお、本書のおみくじに関する歴史的な情報などは、おみくじを学術的に研究しておられる諸先生方の書籍・論文に多くを負っている。この場を借りて謹んで御礼申し上げるとともに、おみくじ研究といういまだ発展途上の分野には、一愛好家として今後とも新たな成果を待ち望んでやまない。おみくじ関係以外にもさまざまな書籍を参考にしており、すべて挙げるには紙幅が足りないが、先賢諸氏には感謝するばかりだ。

また、執筆に当たりご助言いただいた成蹊大学文学部教授の平野多恵先生と天台圓浄宗廬山寺管長の町田泰宣先生には、謹んで格別の謝意を表したい。並びに、本書を世に出せたのは、以前から私を応援してくださった方々、そしてひとえに協力者・関係各位と読者の皆様のおかげである。心より御礼申し上げ、結びに変えさせていただく。

著者：鏑木 麻矢

文筆家。早稲田大学第一文学部卒、古美術研究会OG。伝統あるもの、美しいものを好み、学生時代から神社仏閣巡りと街歩きと美術鑑賞を趣味とするうちに、縁起物をこよなく愛するようになる。メディア掲載等多数。硬軟取り混ぜた幅広くユニークな視点と、わかりやすくユーモラスな切り口に定評がある。おもしろいと思ったら何でもとことん追究するのがモットー。

主要参考文献

『江戸の占い』大野出（河出書房新社）『元三大師御籤本の研究ーおみくじを読み解くー』大野出（思文閣出版）『神さまが嫌う最悪参拝 仏さまが喜ぶ最良参拝』大野出（講談社）『漢字の成り立ち：『説文解字』から最先端の研究まで』落合淳思（筑摩書房）『日本おみくじ紀行』島武史（筑摩書房）『辻占の文化史』中町泰子（ミネルヴァ書房）『一番大吉！おみくじのフォークロア』中村公一（大修館書店）『歌占カード 猫づくし』平野多恵（夜間飛行）『拝み屋さん一霊能祈祷師の世界』藤田庄市（弘文堂）『占いの宇宙誌一運命を読み解く思想の源流』藤巻一保（原書房）『福を招くお守り菓子』溝口政子＋中山圭子（講談社）

【平野多恵氏の講義等での文献より】

「授業報告 室町時代の和歌占い一古典文化の体験型授業〔3〕阪本龍門文庫蔵『歌占』の実践」（『十文字国文　第16号』十文字学園女子大学短期大学部国語国文学会,2010）「<予言文学>としてのおみくじ」（小峯和明編『予言文学の世界』勉誠出版,2012）「なぜおみくじに和歌が書かれているのか」（小林盾・吉田幹生編『データで読む日本文化』風間書房, 2015）「歌占の世界」（『書物学 第5巻』勉誠出版,2015）「おみくじの近代一和歌・明治維新・新城文庫『おみくじ集』」（『愛知県立大学文字文化研究所紀要』第2号,2016）

著者　鏑木麻矢

編集協力　若狭和明　守田悠夏（以上、スタジオポルト）
デザイン　田山円佳（スタジオダンク）
DTP　　　北川陽子　李雁　竹中もも子（以上、スタジオダンク）
撮影　　　富岡甲之（スタジオダンク）
イラスト　福田玲子　ちしまこうのすけ（地図）
校正　　　岡野修也
編集　　　山本尚子（グラフィック社）

2017年10月25日　初版第1刷発行

著者　　鏑木 麻矢
発行者　長瀬 聡
発行所　グラフィック社
　　　　〒102-0073　東京都千代田区九段北1-14-17
　　　　Tel.03-3263-4318　Fax.03-3263-5297
　　　　http://www.graphicsha.co.jp
振替　　00130-6-114345
印刷・製本　図書印刷株式会社

©2017 MAYA KABURAGI
ISBN 978-4-7661-3055-3 C0039 Printed in Japan

落丁・乱丁本はお取り替え致します。

本書の記載内容の一切について無断転載、転写、引用を禁じます。本書のコピー、スキャン、デジタル化等の無断複製は著作権法上の例外を除き禁じられています。本書を代行業者等の第三者に依頼してスキャンやデジタル化することは、たとえ個人や家庭内での利用であっても著作権法上認められておりません。